El ministerio de la adoración cristiana:

Teología y práctica desde la óptica protestante

Carmelo Álvarez

A E/T H

ABINGDON PRESS / Nashville

EL MINISTERIO DE LA ADORACIÓN CRISTIANA

ISBN-13: 978-1-4267-5513-2

12 13 14 15 16 17 18 19 20 21–10 9 8 7 6 5 4 3 2 1
HECHO EN LOS ESTADOS UNIDOS DE NORTEAMÉRICA

Tabla de contenido

Prefacio

Entre los muchos temas que se debaten en la iglesia contemporánea, y que frecuentemente la dividen, hay pocos tan discutidos como el de la adoración. Esto se entiende, pues la iglesia vive por la adoración de manera semejante a como las plantas viven por el agua que las nutre. De igual modo que sin agua una planta se marchita y acaba por morir, así también una iglesia sin adoración se debilita y acaba por morir. Y, de igual modo que no todas las plantas necesitan la misma tierra ni la misma agua, sino que cada una de ellas tiene que echar raíces en su propio contexto y nutrirse según sus necesidades, así también no todas las comunidades cristianas necesitan el mismo culto, sino que su adoración ha de tener raíces en su propio contexto y reflejar sus necesidades.

Todo esto lleva frecuentemente a lo que bien podrían llamarse "batallas cúlticas", en las que un bando insiste en una forma de adoración y otro en otra forma, al punto que acaban por no poder adorar juntos. Y no falta quien diga que su forma de culto es la única que es aceptable a Dios, porque es más bíblica, o porque se fundamenta en el culto de Israel, o por cualquier otra razón.

En medio de tales luchas, caben dos importantes recordatorios teológicos —recordatorios sobre temas tan olvidados, que bien pueden sorprendernos.

El primero es que, estrictamente hablando, ninguna forma de culto es intrínsecamente aceptable ante Dios. Dios acepta nuestro culto, no porque sea bueno, ni porque sea correcto, ni porque sea sincero, ni porque sea bello, si siquiera porque sea bíblico. Dios acepta nuestro culto de igual modo que nos acepta a nosotros mismos, por pura gracia. De igual modo que lo que nos hace aceptos y aceptas ante Dios no es nuestra propia bondad o pureza, sino la gracia del Dios de amor, así también lo que hace que el culto sea aceptable ante Dios no es el culto mismo, sino la gracia de Dios.

Esto es sumamente importante. En primer lugar, pone de manifiesto la arrogancia de quien pretende que su forma de culto es mejor que todas las demás, como si Dios se viera obligado a aceptar nuestro culto porque lo hacemos de cierta forma particular, o porque cantamos cierta música, o porque hacemos ciertos gestos.

En segundo lugar, nos libra de la carga de una pretendida pero imposible perfección. Si alguien canta fuera de tono, eso no hace su culto menos aceptable. Si alguien grita "aleluya" de todo corazón, eso no hace su culto más aceptable. Si alguien tartamudea al orar, eso no hace que su oración sea menos oída. Y, en tercer lugar y sobre todo, esto es importante porque restaura el sentido de misterio sobrecogedor que ha de arropar toda nuestra adoración. Sin ese recordatorio, es fácil imaginar que nuestra música es tan bella, o nuestra emoción tan profunda, que necesariamente han de llegar al trono de Dios. Pero lo cierto es que, no importa qué música empleemos —ya sea la de Bach o la del último cantante de moda— toda ella no es más que una triste cacofonía cuando se le compara con la música de los coros celestiales. Sin ese recordatorio, nuestra emoción en el culto puede ser tal que pensemos que hemos llegado al ápice de la experiencia cristiana, cuando en realidad toda esa emoción no es sino una sombra de la que experimentaremos al hallarnos ante el trono mismo de Dios y del Cordero.

El segundo recordatorio es igualmente importante: el culto no es ante todo para mí, sino que es en primer lugar para Dios, en segundo lugar para la comunidad que adora, y solamente en tercer lugar para mí. El olvidarnos de esto nos lleva a expresiones tales como "el culto de hoy no me dijo nada", como si el mero hecho de que no me dijo nada a mí quisiera decir que fue inútil. En cuanto se dirige ante todo a Dios, el culto es celebración y expresión de sobrecogimiento, de arrepentimiento y de gratitud. En cuanto es expresión de toda una comunidad de fe, aunque el culto no me diga nada a mí, si les dice algo a otros miembros de la comunidad es tan válido como si me lo dijera a mí.

La importancia de esto debería ser obvia. Si en mi comunidad de fe hay hermanos y hermanas para quienes la música y los himnos clásicos son una expresión de adoración que les toca profundamente, el que esa música no me diga nada a mí no quiere decir que no deba tener lugar en mi culto como miembro de esa comunidad. Y si hay quienes prefieren adorar con guitarras eléctricas, con baterías altisonantes y con panderos, el que esa música no me diga nada a mí no quiere decir que no deba tener lugar en mi culto como miembro de esa comunidad. Si de veras somos una comunidad, si de veras reina entre nosotros ese amor que es esencial para la vida cristiana, entonces, de igual manera que debemos llevar las cargas unos de otros, así también debemos hacer todo lo posible porque en el culto respondamos a las circunstancias y las necesidades de todos los miembros de la comunidad.

Tristemente, frecuentemente lo que sucede es todo lo contrario. De igual manera que en algunas iglesias hace un par de siglos se adoraba en grupos separados según las razas, hoy hay una creciente tendencia a adorar en grupos separados según las preferencias musicales, o según los gustos y costumbres de cada generación. ¡Quién sabe si dentro de cien años, cuando alguien lea acerca de nuestra batallas cúlticas, no las comparará con los prejuicios raciales de hace un par de generaciones!

Tristemente, poco de lo que se escribe, se dice y se practica hoy respecto a la adoración toma en cuenta estos dos recordatorios. Hay quienes insisten en que solamente su forma de culto es "bíblica", y condenan todas las demás. Hay quien parece pensar que el culto ha de hacerse en cierta forma sencillamente porque así lo hicieron nuestros padres y madres de la fe. Y frente a los tales hay quienes parecen convencidos de que todo lo que no sea radicalmente nuevo ha de desecharse por anticuado o por irrelevante. Hay quienes adoran en una aparente comunidad, en medio de centenares de adoradores, pero lo hacen como si no fueran parte de esa comunidad, como si el culto fuera solamente para ellos. De hecho, en un momento u otro, todos caemos en alguna de estas trampas, y es precisamente por ello que los dos recordatorios que indico son de tanta importancia. A cada uno de nosotros y de nosotras, el modo en que adoramos nos parece ser el único, el mejor, el más aceptable, y todos los demás nos parecen inferiores y hasta descarriados.

Es por eso que este libro por el Dr. Carmelo Álvarez es de gran valor. El Dr. Álvarez se ha movido y sigue moviéndose entre una enorme variedad de tradiciones teológicas, cada una de ellas con sus propias prácticas de adoración. Y esto a su vez le permite tratar acerca de la adoración con una amplitud que pocos libros sobre el tema manifiestan.

No es hora de crear más divisiones en torno al culto, sino que es más bien hora de crear puentes. Después de todo, hay poca diferencia entre los siguientes dos diálogos con los que comienzan, por una parte, muchos de nuestros cultos tradicionales y, por otra, muchos de los menos tradicionales:

Por una parte:

—El Señor sea con vosotros.

—Y con tu espíritu.

—Elevad vuestros corazones.

—Los tenemos elevados al Señor.

Y por otra:

—Buenos días hermanos.

—Buenos días.

—Que el Señor les bendiga.

—Amén.

—Alabemos al Señor.

—¡Aleluya!

Por todo ello, lanzamos ahora al mundo este libro en el convencimiento de que, gracias a sus años de experiencia en toda la gama de comunidades cristianas en todo nuestro hemisferio, el autor se halla excepcionalmente capacitado para ayudarnos a construir tales puentes, a aprender unos de otros, y a venir a ser así cada vez más un solo cuerpo, ¡el cuerpo de Jesucristo! ¡Así sea!

Justo L. González

Introducción

El tema que nos ocupa en este libro ha sido un constante desafío en mi ministerio pastoral y académico. Desde mis inicios como pastor estudiante en 1966, allá en las montañas de Puerto Rico, sentí la necesidad de abordarlo, e intentar implementar innovaciones y nuevas experiencias en el culto.

A través de los años seguí con esa inquietud y en el Seminario Evangélico de Puerto Rico fui desafiado por el Dr. Luis A. Olivieri, mentor y profesor en el área de la liturgia cristiana y la música. Más adelante tuve el gran desafío de enseñar el curso de culto cristiano en el Seminario Bíblico Latinoamericano en San José de Costa Rica, lo que hice por varios años. Esta experiencia se plasmó en forma escrita en el libro Celebremos la fiesta. El pedido, casi de emergencia, para que enseñara el curso me obligó a estudiar y examinar las diversas tradiciones cristianas y sus prácticas de adoración.

Este libro es otro desafío, esta vez por la insistencia del colega Dr. Pablo Jiménez, quien forma parte del equipo editorial de la Serie Ministerio de AETH. No pude rechazar la tentación por la actualidad del tema y la necesidad de llenar un vacío pues la literatura en español sobre estos temas es limitada.

La concepción teológica que fundamenta este libro plantea tres principios básicos: 1) Toda adoración cristiana parte de la manifestación redentora de Dios, encarnada históricamente en Jesucristo, su hijo, nuestro Señor. 2) La comunidad de fieles congregada ofrece la adoración a Dios en gratitud por su amor. 3) Las formas, los contenidos y los compromisos expresados en la adoración deben inspirar la celebración de la vida de Dios en la historia y la creación.

La óptica protestante sobre la adoración cristiana en este libro se plasma a partir de unos distintivos comunes a todas las tradiciones que surgieron de la Reforma Protestante del siglo XVI. El principio esencial era la recuperación de la Palabra de Dios como fuente de autoridad y regla fe. Al insistir en la justificación por la fe en la gracia, los reformadores querían volver al Nuevo Testamento en busca del «evangelio puro» y la «verdadera iglesia». Intentaron reformar la iglesia existente, no fundar una nueva. En mayor o menor grado se dieron rupturas teológicas e históricas que llevaron al rompimiento definitivo con la Iglesia católico-romana.

El gran genio de la Reforma Protestante fue enarbolar la libertad cristiana como centro vital para la iglesia y el reclamo ético para dar testimonio en el mundo. Desde sus orígenes los protestantismos mostraron una gran diversidad de opiniones y enfoques sobre lo que implicaba ese camino en libertad y la búsqueda de una liberación plena. Por casi 500 años los diversos protestantismos han ido configurando modelos distintos de organización eclesiástica en estructuras también diversas y una adoración marcadamente creativa y flexible. En este libro se intenta mantener el hilo conductor que le da un origen común a las distintas propuestas protestantes, particularmente en la adoración.

Los capítulos han sido escritos en una dinámica histórico-teológica, con la idea expresa de provocar (en el mejor sentido), un acercamiento a un tema vital para las iglesias. El capítulo I, es una introducción a la época de la Reforma Protestante, y su impacto teológico-doctrinal, bajo la doble dinámica de continuidad y cambio. El capítulo II considera el concepto de pueblo sacerdotal en el Antiguo y Nuevo Testamento y su evolución plasmada en el principio del sacerdocio universal de los creyentes en la Reforma Protestante del siglo XVI. El capítulo III desarrolla la relación entre palabra y sacramento en las teologías de la Reforma Protestante y enfatiza su importancia en la adoración. El capítulo IV traza la diversidad de experiencias de adoración en las iglesias protestantes. La música y su expresión comunitaria es el asunto tratado en el capítulo V. El capítulo VI enumera algunas conclusiones.

El apéndice 1 es una tipología del cristianismo moderno y contemporáneo desde la Reforma Protestante hasta nuestros días. El segundo apéndice es un glosario de conceptos claves. Al final se incluye una bibliografía selecta, con el propósito de sugerir algunos libros básicos e incluir los que se han citado en el libro.

Agradezco el diálogo teológico con mi esposa Raquel, pastora ordenada de la Iglesia Evangélica Luterana en América, sobre el tema. Sus reflexiones han sido muy acertadas y orientadoras.

Dedico este libro a mi amigo, mentor y colega, Dr. Luis A. Olivieri, por su aporte significativo a mi formación pastoral y académica sobre la adoración cristiana. Sus preocupaciones, intereses y compromisos me han dado mucho ánimo en cuatro décadas de labor pastoral y misionera en Latinoamérica y el Caribe. Compartimos, además, una profunda pasión por la música. Ello también ha sido una bendición en mi vida.

Les dejo estas pinceladas sobre la adoración cristiana en la óptica protestante que espero sean de alguna ayuda y apoyo a estudiantes de teología y líderes eclesiásticos. ¡*Soli Deo Gloria*!

Carmelo Álvarez – Chicago, IL
28 de septiembre de 2011

1

La Reforma Protestante: Entre la continuidad y el cambio

Este capítulo introductorio destaca las dimensiones de continuidad y cambio que yacen en el propio proceso histórico de los diversos protestantismos. Hay definitivamente un hilo de continuidad con el cristianismo, pero igualmente hay nuevos aportes y enriquecimientos; rupturas y conflictos. La Reforma Protestante fue un hito importante en la transición hacia la modernidad. Marcó un momento histórico en la disolución de aquella cristiandad medieval de la cual es heredera. Y abrió un nuevo capítulo en lo que muchos intelectuales designan como un cambio de época.

Este esfuerzo de intentar una mirada histórica a la Reforma Protestante también pretende buscar raíces, atisbar nuevas rutas y afirmar aportes liberadores, sobre todo en la experiencia de adoración de las iglesias protestantes. En última instancia los protestantismos son herederos de un cristianismo histórico liberador, siempre a la búsqueda de nuevas liberaciones.

LA CRISTIANDAD MEDIEVAL

Cuando se designa el concepto «cristiandad medieval» lo que se pretende es referirse a una compleja realidad socio-política, religiosa y cultural. Es un sistema con estructuras que rigen el colectivo social. La vida está regida por un patrón de autoridades con actores que obedecen a una realidad última: la cristiandad. Ser cristiano es ser ciudadano y ser ciudadana es ser cristiana. No se concibe que ninguna persona viva al margen de la vida social, ni al margen de la iglesia.

La iglesia es el eje sacramental-litúrgico de toda la vida. Hay una dimensión trascendente que «sacraliza» el orden social y pone en la esfera de lo misterioso las fuerzas desconocidas, hostiles y antagónicas. Por eso todas las personas deben ser bautizadas. La herejía, el ateísmo, la apostasía, la brujería, y toda clase de expresión que marque lo diferente es considerado sospechoso o pecaminoso. Las opiniones o reflexiones están enmarcadas en aquella genial frase de Miguel de Unamuno sobre «la fe del carbonero» que enunciaba: «Qué creo yo, lo que cree la iglesia, y que cree la iglesia, lo que creo yo». Creer es ante todo un acto de obediencia y sometimiento.

Surgen del mismo seno de la cristiandad los gérmenes de la disolución. Las estructuras que dieron estabilidad ahora se deslegitiman. Se rompe la unidad medieval. Hay una división político-nacional que va a configurar una nueva Europa. Nuevas fuerzas y actores sociales van a perfilar la nueva ciudadanía, la nueva ciudad, la nación y el nuevo orden. Hacia fines del siglo XV se respiran cambios profundos en la sociedad europea medieval.

La insatisfacción del pueblo con las estructuras religiosas y la falta de un cristianismo más cercano a la necesidad de ese pueblo, provoca nuevos ensayos, y la búsqueda de una piedad más pertinente, afectiva, personal.

Es en esa transición que se debe entender el surgimiento de la Reforma Protestante, que nunca pretendió crear algo radicalmente nuevo. Lo que deseaba era renovar, poner al día estructuras decadentes, sin renunciar al núcleo básico de la vida en sociedad, la fe cristiana.

EL CRISTIANISMO EN LA REFORMA PROTESTANTE

La época de la Reforma Protestante en Europa ha sido llamada una era de cambios. En alguna medida, como acontece a fines del siglo XX y principios del XXI, podríamos hablar de un cambio de época donde viejos paradigmas fueron disueltos y nuevos modelos surgieron a todo nivel. Los siglos XIV y XV habían traído un fermento comercial que llevaría a la transición del feudalismo decadente al naciente capitalismo.

Varias fuerzas se unían a este ímpetu comercial. El imperio, bajo la imagen monárquica y su derecho divino, y el sacerdocio bajo el manto sacramental y la estructura eclesiástica, constituían los dos ejes de la cristiandad y su sistema jerárquico-jurídico. Estos dos ejes competían como fuerzas dirigentes, aunque muchas veces coincidían en sus intereses. Con el surgimiento de los estados nacionales y las monarquías constitucionales se fueron abriendo nuevos espacios con nuevas fuerzas y actores.

El misticismo dio elementos religiosos que apoyaron un incipiente individualismo, cuestionando la síntesis medieval tan piramidal y promoviendo un nuevo sujeto en formación, el sujeto burgués moderno. La base filosófica del individualismo (luz interior y experiencia personal) la da el nominalismo como filosofía nueva y dominante. De acuerdo a esta visión, sólo existen individualidades. De igual forma el humanismo cristiano, con su crítica a la corrupción moral y espiritual, va reclamando que se hace necesario volver a las fuentes clásicas de la sabiduría y el conocimiento. El puente que quieren tender los humanistas está apoyado en una nueva ciencia literaria crítica y una nostalgia por la recuperación de la edad de oro en el pasado.

Hay, además, en las postrimerías del medioevo, inconformidades a nivel popular, aspiraciones por necesidades sentidas en diferentes lugares de Europa. Esta era convulsionada trae una ola nacionalista impetuosa. Cierto profetismo apocalíptico saturado de esa piedad popular pretende canalizar estas ansias del pueblo. En medio de la turbulencia de los tiempos surgen nuevos pensamientos y aspiraciones, tanto en lo político como en lo religioso. La nueva burguesía en ascenso, el campesinado empobrecido y un nuevo sector social (músicos, poetas, artesanos) que van a conformar las nuevas ciudades, comienzan a luchar. Unos por una mejor distribución de la riqueza y los recursos, como fue el caso de los campesinos en Alemania y otros buscando agremiarse en la ciudades para proteger sus intereses (artesanos y músicos). El descubrimiento de la imprenta será agente catalítico para estos cambios, como lo ha sido la computadora en el siglo XX.

¿Qué significa todo esto para la así llamada Reforma Protestante?

En Alemania ocurrían luchas sociales y políticas que presagiaban el advenimiento de una nueva nación. Las luchas de los campesinos por salarios más justos frente a un régimen de servidumbre y acaparamiento convirtieron al territorio alemán en campo de batalla. Las más importantes son las llamadas guerras campesinas entre los años 1521-1525. Mientras estas luchas se daban en el campo, en las ciudades se organizaban los gremios artesanales y las casas bancarias. La lucha en el campo era contra los señores feudales; en las ciudades se afianzaban los monopolios y se planeaba la expansión comercial ultramarina.

La Reforma Protestante se inserta en este proceso. Intenta canalizar las aspiraciones religiosas del pueblo y surge dentro del capitalismo incipiente de la época. Los reformadores, bajo la influencia de todas estas fuerzas, lanzan una protesta religiosa que prende en las aspiraciones de las nuevas naciones europeas. Al quebrantar el sistema penitencial-sacramental, la Reforma debe suplir una nueva modalidad eclesiástica. La Reforma Protestante no tiene reparos en incorporar la nueva ciencia en su pensamiento y vivir el proceso de reacomodo económico. Sólo la llamada Reforma Radical (grupos campesinos inconformes y sectores pauperizados en las ciudades) mantendrá una postura contestataria.

Hay tres figuras principales en la Reforma Protestante Clásica, así llamada para distinguirla de la Reforma Radical: Martín Lutero, Ulrico Zuinglio y Juan Calvino. Cada uno de ellos aportó a la formación del núcleo central de las doctrinas sustentadas por la Reforma Protestante. Cada uno mantuvo su distintivo teológico, como parte de la diversidad que plantea el propio movimiento.

Lutero era un monje agustino-eremita, experto en las Sagradas Escrituras y profesor de ellas. Gozaba de un alta estima entre sus colegas y estudiantes, logrando un significativo número de seguidores muy temprano en su carrera. Buscaba beber en diferentes fuentes filosóficas y teológicas, con un criterio crítico, pero sobre todo buscando una más íntima relación con Dios y una verdadera libertad cristiana. Seguía estudiando con afán las Sagradas Escrituras, redescubriendo al apóstol Pablo, y de allí comenzó a construir una vida y un sistema teológico que con los años llevaría a una total ruptura con la Iglesia Católico-Romana. Al encuentro con la libertad por la justificación por la fe en la gracia que redescubre en Pablo, se decide a mantener su postura frente a la Iglesia, que finalmente lo expulsa. Aunque solo quiso ser reformador, terminó rompiendo con la Iglesia. Nunca deseó fundar un nuevo movimiento religioso, pero culminó sentando las bases para lo que hoy se conoce como la tradición luterana.

Ulrico Zuinglio, reformador suizo, sacerdote católico que decidió romper con el pensamiento teológico medieval, particularmente el tomismo, y forjar su pensamiento con dos fuentes principales: el humanismo y las Sagradas Escrituras. Se apegó a una fuerte crítica humanista, particularmente por el papel predominante de la Iglesia Católica en lo social y político.

A Zuinglio no le gustaban los ritos y las ceremonias elaboradas, siendo más radical en su concepción de los sacramentos que Lutero y Calvino, reduciendo casi toda la experiencia religiosa al ámbito espiritual con una buena dosis de racionalismo. Para Zuinglio la religión es una recta moral que habita en los seres humanos. El Evangelio es la nueva ley que se graba en el corazón, es en Jesucristo que toda religiosidad tiene su culminación. Es por ello que el Evangelio libera para una vida sencilla sin ritualismos. Al recibir la gracia de Dios en la fe la persona creyente acepta el camino del discipulado. Su gran amor por el texto bíblico en el original (consultaba directamente la Biblia en hebreo y en griego) lo llevó a ser un fervoroso predicador, apegado al texto bíblico. Cuando oyó de las ideas que Lutero exponía en Alemania abrazó con más fervor la causa de los reformadores. A diferencia de Lutero, Zuinglio tomó una postura militante contra la Iglesia Católica y se unió a los grupos armados que procuraban la liberación de los cantones suizos de la presencia católico-romana, muriendo en batalla como héroe nacionalista. Por eso hoy en Zurich, Suiza, hay un monumento a Zuinglio con la Biblia en una mano y la espada en la otra.

Juan Calvino, oriundo de Francia, vino a ser el otro líder indiscutible de la Reforma Protestante. Calvino poseía una mente privilegiada, con una educación esmerada y gran erudición. Cuando oyó de las posturas expuestas por Lutero y Zuinglio, abrazó también la causa de la Reforma Protestante. Cuando se extendía ese fervor evangélico-reformador por Suiza, Calvino se constituyó en el gran sistematizador y conductor de la Reforma en ese territorio. Incluso, su influencia fue mucho mayor que la del propio Zuinglio, a pesar de éste ser oriundo de Suiza. Su liderato se extendió por toda Europa, incluyendo a su natal Francia, donde ejerció una notable influencia.

Calvino por un lado forja un pensamiento claro y sistemático de las principales doctrinas reformadoras, dándoles su propio aporte y ampliando en temas teológicos, sociales y culturales. Bajo su liderato se creó la república ginebrina en ese cantón. Era casi una teocracia con ordenanzas civiles, políticas, sociales y morales. Fue el precursor del sistema constitucional moderno con las tres ramas del estado: el ejecutivo, el legislativo y el judicial, con leyes para regir la vida religiosa que debía mantenerse separada de las otras tres instancias. Cuando los puritanos llegan a lo que hoy conocemos como los Estados Unidos, traen una gran influencia de Calvino que radicalizan y expanden para su propio proyecto y experimento de sociedad.

En Inglaterra la Reforma toma otro rumbo. Comienza con la ruptura de Enrique VIII con el papado en Roma. Las razones están más relacionadas con el temperamento, la conducta y los deseos personales del monarca inglés que con alguna diferencia doctrinal más profunda. De hecho, dentro de la evolución de lo que se conoció después como la Reforma Anglicana, Enrique VIII aparece como un católico tradicional. Lo que sucedió es que en las Islas Británicas (incluyendo Escocia) la influencia reformada de Calvino y la presencia de algunos grupos de la Reforma Radical configuraron un protestantismo muy particular y distinto.

Se habla, entonces, de la Reforma Anglicana como via media (un punto intermedio) entre los protestantismos y la Iglesia Católico-Romana. Hay aspectos doctrinales, teológicos, litúrgicos y eclesiásticos, así como los políticos, que forjan una reforma inglesa diferente a las otras reformas protestantes. A través de los siglos XVI y XVII se conformó una Reforma Anglicana que seleccionó y perfiló su propia identidad, muy influida por los monarcas que asumieron el poder y las controversias políticas y doctrinales que provocaron. La Iglesia de Inglaterra, como la oficial de la monarquía constitucional inglesa, mantiene una relación histórico-jurídica entre el estado y la iglesia; el trono y el altar.

Ya hemos mencionado la Reforma Radical. Este movimiento se caracteriza en grandes líneas por no aceptar ninguna componenda con los estados. En este sentido asumen una postura radical de cuestionamiento y sospecha ante toda estructura gubernamental o estatal que pretenda manipularlos o dictarles principios morales, espirituales o políticos. Hay varias figuras destacadas, pero es Tomás Müntzer, un seguidor inicial de Lutero convertido en un profeta apocalíptico y revolucionario, el que más se destaca. Müntzer es considerado como precursor en el siglo XVI en Alemania de la teología de la liberación. En su militancia revolucionaria acompaña a los campesinos en sus luchas, promulgando la lucha armada como justa, combinada con un mensaje profético y de comunitarismo cristiano. Creía que las personas creyentes debían levantarse para pelear la «causa justa de Dios», frente a los príncipes opresores y los reformadores traidores como Lutero. Iluminado por sueños y visiones, más allá del texto bíblico, Müntzer convocaba a un nuevo reino que Dios iba a inaugurar. Durante los años 1524-25, Müntzer se dedica a la última fase de confrontación armada contra los príncipes electores del territorio alemán.

Derrotados y diezmados, Müntzer y sus campesinos reflejan el radical compromiso evangélico con la justicia, su lucha a favor de los pobres y la verticalidad revolucionaria de entregarse hasta la muerte en promoción de un régimen político distinto, más propiciador de una sociedad fraterna, pacífica y humana. Su compromiso evangélico y su postura revolucionaria se entrelazan en un modelo único dentro de la Reforma Protestante. Müntzer fue decapitado y casi desconocido por varios siglos, resurgió en el siglo XX gracias a la tenacidad de científicos políticos como Federico Engels y Karl Kautsky, y filósofos como Ernst Bloch.

Como parte de la Reforma Radical existieron grupos diversos, apocalípticos espirituales, sumamente escatológicos y separados de toda contienda política y muchas veces en franca huelga social. Su principal énfasis fue la experiencia de fe personal, disciplinados a vivir como comunidades del Reino en la fuerza del Espíritu. Muchos de ellos fueron perseguidos y martirizados por negarse a someterse al estado, jurar por la nación o servir en los ejércitos. La mayoría de estos grupos formaron comunidades cerradas, como los Amish en Estados Unidos.

Otros grupos, como los menonitas, formaron comunidades de servicio y testimonio e iglesias, radicalmente opuestas a la violencia con su pacifismo radical, pero industriosas en áreas como la educación, la salud, las comunicaciones y el apoyo a objetores por conciencia a la guerra. Su ética de discipulado radical los mantiene como comunidades de resistencia y testimonio en muchos lugares de mundo. Han producido un pensamiento teológico crítico y profético, participando en esfuerzos ecuménicos que propicien la paz con justicia. Estas iglesias Menonitas se han caracterizado por su laboriosidad y fervor evangélico con una disciplina muy cercana a la de la Orden Benedictina en la tradición católico-romana.

Estos protestantismos formaron parte de un movimiento religioso que ha hecho un impacto en la cultura occidental durante los últimos 500 años. La llamada modernidad no puede ser entendida sin destacar, en parte, la influencia de las teologías protestantes. Tanto el pensamiento filosófico como el cultural y político recibieron la influencia de ideas fraguadas desde la experiencia religiosa que llamamos protestantismo. Para muchos pensadores e intérpretes de los protestantismos iniciados en el siglo XVI es imposible separar lo específico protestantismo de la ideología del sujeto burgués capitalista desarrollado durante estos casi 500 años. Hay que explorar cómo los protestantismos ejercieron esa influencia, cuáles fueron las ideas más predominantes y qué dimensión liberadora ha ofrecido este movimiento protestante tan diverso. Hay que preguntarse si la fuerza renovadora y el ansia de libertad siguen desafiando a las iglesias protestantes y si ese aporte será una fuerza de liberación en la historia contemporánea. ¿Qué harán las iglesias protestantes hacia el futuro? ¿Cómo han de responder en su espiritualidad cotidiana y vivencias litúrgicas? Esas preguntas son cruciales.

PROTESTANTISMO Y CAPITALISMO MODERNO

Fue Max Weber, el eminente sociólogo alemán, quien planteó la famosa tesis sobre la influencia y determinación del protestantismo en los orígenes del capitalismo moderno en su famosa obra, *La ética protestante y el espíritu del capitalismo moderno*. En realidad Weber lo que hace es intentar relacionar el núcleo ideológico-teológico de las ideas planteadas por La Reforma Protestante. Apoyado en ese determinismo ideológico Weber busca en las doctrinas protestantes justificaciones y conexiones con el Renacimiento y el desarrollo del capitalismo. El ve que Europa se desarrolla como ninguna otra región del mundo en su capitalismo y cree detectar que aquellas doctrinas protestantes son el caldo de cultivo para sustentar la ideología del capitalismo.

Weber conoce el concepto de vocación (*Beruf*) en Lutero y subraya que de la idea del creyente industrioso, dedicado al trabajo por el don gratuito de Dios, adviene el nuevo burgués moderno. De Calvino saca lo que él llama «la ascesis intramundana» como el, principio que ve la santidad siendo transformada en una exigencia de eficacia, dedicación, llamado a ser ciudadanos ejemplares, productores en una economía capitalista en el siglo XVI todavía incipiente. El creyente predestinado a la gracia, electo y bendecido por Dios muestra en su ganancia en la acumulación de capital, signo palpable y visible del favor divino. El ser humano imbuido de estos principios prospera, se hace burgués y se disciplina para vivir una ética del trabajo.

En realidad Weber se está refiriendo más al puritanismo inglés y posteriormente al norteamericano; Calvino no había formulado una ética tan consciente relacionada con el capitalismo como lo intenta plantear Weber. Calvino atisba y señala pistas hacia un mundo moderno que él todavía no comprende totalmente. Es un momento de transición, de cambio de época. No cabe duda que el puritanismo norteamericano y su incidencia en la formación de un «republicanismo cristiano» a partir del siglo XVII, aporta estos principios que conforman la nueva nación.

Las iglesias protestantes que salieron de la Reforma se expandieron en el mundo moderno y fueron afectadas por las ideologías del progreso, la ilustración y corrientes del capitalismo liberal hasta muy entrado el siglo XX. En América Latina y el Caribe este proceso vino presidido por el liberalismo económico y político que vio en aquel protestantismo norteamericano y europeo una fuerza civilizadora y progresista frente a lo que ellos consideraban era el oscurantismo de un catolicismo decadente y retrógrado. Los propios misioneros norteamericanos y europeos se vieron como agentes progresistas que coincidían con una etapa superior de progreso liberal en el mundo proclamando la libertad y la democracia.

PROTESTANTISMO Y LIBERACIÓN

Los protestantismos que surgieron del cristianismo reformador del siglo XVI fueron movimientos que mostraron una gran diversidad desde sus propios orígenes. Esta ha sido la más grande fortaleza y también debilidad. Por casi 500 años estas iglesias con una pluralidad de expresiones y agrupaciones, hicieron su impacto en el mundo moderno. Ya Martín Lutero había planteado que la salvación estaba íntimamente ligada al sujeto oprimido que ahora recibía por gracia su libertad. El sujeto liberto existencialmente proclamaba su salida de la incertidumbre y la angustia, afirmando un Dios gratuito y compasivo. Pero inmediatamente Lutero relacionó en el plano ético la necesidad que la persona creyente liberta asuma un compromiso de servicio y comunión con las demás personas desde su libertad adquirida. La fe provoca la salida del sujeto hacia una acción activa y amorosa al prójimo. Lutero desarrollará dentro de esos parámetros una ética social de responsabilidad en todas las esferas de la vida, asumiendo que para la persona creyente el valor supremo es su propia conciencia y vocación ante Dios.

Calvino tomará algunos de estos principios, pero asumirá un papel más decidido en promover una ética social que vigila, promueve y auspicia estructuras que rijan y normen la vida civil y política. La iglesia, en esa dimensión, es comunidad que vive proclama y se nutre por la Palabra y los sacramentos moviéndose a la esfera civil para así promover un gobierno justo y eficiente. La ética reformada perfila una persona ciudadana activa en la sociedad, pero obediente a la voluntad de Dios, sin confundir su lealtad última. La reforma ginebrina en Suiza fue un modelo único en que se conjugan ambos planos, el religioso y el civil.

La tradición reformada que promovieron Zuinglio y Calvino enfatiza un principio protestante que mantiene en tensión la relación institución-movimiento, con el principio *ecclesia reformata semper reformanda* (iglesia reformada, siempre reformándose). Hay un germen crítico que no le permite instalarse, anquilosarse, mantenerse en un status quo. En este sentido, la iglesia tiene que constantemente liberarse para ser un agente transformador en la historia. El principio protestante afirma un «sí» evangélico como elemento constitutivo de su fe y un «no» protestante como signo de indignación y una postura ética y profética contra la injusticia y a favor de la justicia y la liberación.

La Reforma Radical asumió posturas decididamente más militantes y desafiantes ante la sociedad política. Su ética de discipulado radical insiste en una discontinuidad total con el estado y una resistencia a cualquier inherencia en materias de fe y ética personal. Muchos de esos grupos construyeron comunidades exclusivas desarrollando su propio estilo de vida como una especie de contracultura. Su pacifismo radical fue mantenido en tiempos de guerra, negándose a servir en las fuerzas armadas. Esas posturas generaron también actitudes más positivas de servicio comunitario como se expuso anteriormente.

La reaparición del protestantismo en Latinoamérica y el Caribe, durante la segunda mitad del siglo XIX, luego de la esporádica y tangencial presencia de algunos núcleos de protestantes inmigrantes de Europa en el siglo XVI, se debió en parte al expansionismo norteamericano. Después de la Guerra Civil (1861-1865), que dividió a la sociedad norteamericana, se dio un proceso interno de reconstrucción. Las nuevas fuerzas del urbanismo y el nuevo industrialismo fueron pilares en desarrollo económico. También impulsaron la mirada hacia fuera, en busca de nuevas zonas de influencia comercial y política, como fue el caso evidente del Caribe. Se comenzaron a expandir mercados externos para reactivar la economía interna.

El movimiento protestante llegó a Latinoamérica y el Caribe, como impulso del gran proyecto misionero protestante, particularmente en el siglo XIX desde los Estados Unidos, y que se hará presente con fuerza en la segunda mitad del siglo XIX en la mayoría de los países de la región.

El destino manifiesto se concibió como el sustento ideológico-religioso que designaba a los Estados Unidos como portador de la providencia divina y una civilización cristiana superior que debía ser compartida e implementada a través de una nueva misión en el mundo. El impulso misionero coincide con ese imperialismo expansionista. Las sociedades misioneras protestantes florecen en este entorno y coinciden con este proyecto liberal expansionista.

Tanto las iglesias protestantes liberales y su juntas misioneras como el ala evangélica conservadora con sus misiones de fe promovieron sus modelos misioneros en este marco imperial-liberal, aunque tuvieran diferencias teológico-doctrinales con matices diferenciados a nivel de las estrategias y la forma de implantar sus proyectos misioneros. Hasta la década del 1960-1970 estas dos fuerzas dominaron como modelos protestantes en la región. A partir de 1970 el modelo pentecostal hará un franco y decidido ascenso que todavía está en proceso.

Resulta imperioso reconocer que el problema que entrecruza a las iglesias no es meramente político o simplemente teológico. Tiene que ver con la manifestación auténtica de una Iglesia (exhibida en la institucional o en el movimiento) que asume su responsabilidad pastoral, su comportamiento ético y su postura profética en los embates históricos y políticos que acontecen en América Latina hoy. Para ello, la Iglesia tiene que «ser la Iglesia» en su mensaje, vida y presencia. Es desde la liturgia hasta las acciones sociales que se configura la verdadera Iglesia. Una iglesia afirmada de esta manera no teme que se confunda lo teológico con lo político y viceversa, ni la manipulación político-partidaria por otros: tampoco quiere aislarse miedosa y escapista. Asume el reclamo del Reino en medio de las luchas. En este sentido, los protestantismos latinoamericanos continúan buscando su plena identidad y misión, enraizados en esa herencia protestante con toda su ambigüedad, y afirmando posibilidades de nuevas dimensiones liberadoras hacia el futuro.

Hay una línea de continuidad histórica en los protestantismos liberadores. Se destacan Tomás Müntzer y los campesinos en Alemania, los cuáqueros en Europa y Estados Unidos, los Menonitas en México, Uruguay y otras partes de América Latina. Esta herencia liberadora llega en su mayor expresión profética en figuras como Martin Luther King, Jr. y la lucha por la liberación de la población afro-americana en Estados Unidos y el Arzobispo Desmond Tutu en Sudáfrica, paladín de la lucha contra el apartheid y a favor de la liberación de los pueblos africanos. Ambos recibieron el premio Nobel de la paz.

En Latinoamérica fueron los movimientos estudiantiles universitarios como la FUMEC (Federación Universal del Movimiento Estudiantil Cristiano) y ULAJE (Unión Latinoamericana de

Juventudes Evangélicas) que con sus capítulos organizados a través de muchos países Latinoamericanos y Caribeños en los años 50 y 60 propiciaron una militancia intelectual y política que asumió un papel destacado en movimientos de liberación en el continente. ISAL (Iglesia y Sociedad en América Latina) fue un movimiento ecuménico de intelectuales protestantes y católicos que sirvió como fermento para lo que se conoció como la teología de la liberación. El complemento de ISAL fue CELA-DEC (Comisión Evangélica Latinoamericana de Educación Cristiana), organismo que hizo una opción por la teología de la liberación e implementó programas de formación liberadora y con contenido socio-político, produciendo cuadernos, libros y revistas, en un esfuerzo divulgador de la dimensión liberadora del Evangelio.

La figura del finado Ricardo Shaull, misionero y profesor presbiteriano de los Estados Unidos en Colombia y Brasil, constituyó una voz profética en Latinoamérica y el Caribe, pues su compromiso desde la década del 60 se convirtió en fermento de lo que sería la teología de la liberación. Ya para 1955 había escrito un libro sobre el cristianismo y los cambios revolucionarios que fue una influencia definitiva en teólogos como Rubem Alves y Julio de Santa Ana. Su ensayo, «La forma de la Iglesia en la nueva diáspora», fue una semilla que germinó como nutriente esencial a las posteriores discusiones sobre la Iglesia en América Latina y el Caribe. Más recientemente nos dejó, La Reforma y la Teología de la Liberación (1993), una comparación y búsqueda de coincidencias entre aquella Reforma Protestante y la Teología de la liberación latinoamericana.

En casi todos los países de América Latina hubo líderes protestantes que abrazaron como pioneros las causas libertarias en clara sintonía con la teología de la liberación. El obispo metodista argentino Federico Pagura, presidente de CELADEC y luego del CLAI, ha sido un vocero y promotor de los derechos humanos y la paz en todo el continente y en el movimiento ecuménico mundial. Juan Marcos Rivera, misionero y pastor puertorriqueño, de la Iglesia Discípulos de Cristo desde CELADEC y el CLAI fue un promotor de la justicia y la solidaridad, con un intenso y consistente acompañamiento pastoral a comunidades eclesiales católicas y protestantes. Produjo dos libros de cartas, Cartas a Jesús y Nuevas Cartas a Jesús, que han sido impactantes entre las iglesias de América Latina y el Caribe como testimonio de una teología del camino en consonancia con la teología de la liberación.

Otro factor importantísimo que ofrece pautas renovadoras y liberadoras para nuestras iglesias es la liturgia. Para nadie es sorpresa que en las últimas tres décadas se transformó notablemente lo que tradicionalmente las iglesias habían vivido en su experiencia cúltica. Nuevas expresiones en el movimiento ecuménico, con un elemento celebrativo y simbólico muy fuerte, fueron afectando a las iglesias. La renovación carismática evangélica influyó en los años setenta con una nueva himnología elaborada desde sus experiencias y vivencias en torno a la vida en el Espíritu. Mucho de lo que se canta hoy procede de esos dos movimientos particularmente la nueva «coritología», los cánticos evangélicos y las canciones más comprometidas.

El segundo factor es la nueva trova evangélica de los ochenta. Los esfuerzos del fenecido Alvin Schutmaat, misionero presbiteriano en México, Costa Rica, Venezuela y Colombia y Lois Kroehler, misionera presbiteriana en Cuba, tendrán que ser rescatados como los aportes pioneros más significativos a un movimiento de renovación litúrgico-musical que ha impactado a las iglesias. El principio fundamental de esta renovación musical ha sido promover una producción autóctona en la letra y música de los cánticos. Hacer teología liberadora desde la música y darle en gestos y símbolos nuevos una dimensión concientizadora a la liturgia, ha sido el aporte definitivo de este movimiento. Su dimensión ecuménica y liberadora es también fundamental.

Al adentrarnos a la experiencia de adoración que han cultivado las diversas experiencias y tradiciones protestantes, hay que mantener una tensión creativa entre ese pasado con toda su herencia en continuidad con la historia del cristianismo y los cambios y adaptaciones que han asumido esas mismas iglesias protestantes. Deben asumir un futuro que las desafía una vez más a desinstalarse siguiendo ese principio protestante de constante renovación y reforma. En la adoración esos desafíos son aún más pertinentes y necesarios.

2

El pueblo sacerdotal

En el Antiguo Testamento el concepto pueblo de Dios tiene como trasfondo la experiencia del pueblo peregrino, escogido por Dios. Desde el Génesis, pasando por el Éxodo, se va configurando la existencia de un pueblo que lucha en medio de las opresiones y la esperanza de liberación. Es el pueblo sacerdotal (Ex 19.6). El pueblo santo, apartado con un propósito por Dios (Dt 7.6). En su relación con Dios el pueblo vive en un pacto con Dios, como su iniciativa y plan de salvación. Dios insiste en mantener una comunión con su pueblo (Jer 31.33, Ez 37.27), para que camine en justicia, verdad y hacia la libertad plena como regalo a todas las naciones (Is 49.1-6).

El pacto es un don de Dios, a partir de un acto liberador en amor. En ese pacto Dios asume un compromiso de ofrecer vida plena y abundante. El pacto de gracia tiende un puente de comunicación que reestablece la armonía y el entendimiento entre Dios y su pueblo (Dt 7.7-11).

Por lo tanto, el nuevo pacto es una relación amorosa manifestada en la vida, ministerio; muerte resurrección de Jesucristo. Así Dios mantiene una relación con su pueblo, cumpliendo su promesa. El nuevo pacto subraya que las personas llamadas a vivir la fe en la convocatoria del reinado de Dios, viven bajo la guía del Espíritu Santo (Hch 2). La Iglesia es «el nuevo Israel de Dios» que se congrega para celebrar lo que Dios ha hecho, como comunidad mesiánica que celebra en la adoración, a partir de la

Resurrección de Cristo, la vida de Dios en medio de su pueblo y como anuncio al mundo (Jn 20).

La epístola de I Pedro es una exhortación pastoral al pueblo cristiano de la diáspora en Asia Menor. Es un tratado litúrgico-doctrinal que, acompañando a los nuevos creyentes, les anima a enfrentar una sociedad hostil y extraña. Se trata de «expatriados de la dispersión» (1:1) que hoy llamaríamos extranjeros residentes, y en muchos lugares, extranjeros indocumentados. Estos extranjeros (1:1-2,17; 2:11) deben ahora luchar en un contexto cultural distinto, sobreviviendo y defendiendo su identidad, manteniéndose como cristianos firmes y auténticos. Deben vivir entre la inserción en una sociedad diferente y el prejuicio racial y social. En estudios recientes que se han hecho de la epístola se resalta que estos cristianos peregrinos en tierra extraña eran considerados inferiores a los ciudadanos, tenían serias dificultades para legalizar su condición, no podían poseer propiedades y había limitaciones para efectuar transacciones comerciales.

Entonces, la carta los anima a enfrentar estas adversidades con fe y esperanza. Estas personas recién convertidas, en una cultura diferente, deben comportarse como incorporados al nuevo pueblo de Dios (1:3,23; 2:2). El mensaje se centra en destacar que hay una pertenencia, como nuevo pueblo de Dios, a «la piedra viva» y «como piedras vivas sed edificados como casa espiritual y sacerdocio santo...» (2:4-5). Ese mismo fundamento es el que les hace vivir en esperanza (1:3). Aunque haya sufrimiento el pueblo creyente vive sostenido por la fe (2:12; 4:12-16; 5:9-10).

Uno de los pasajes más bellos en la epístola —muy conocido en todas las iglesias— es 1 Pedro 2:9: «Mas vosotros sois linaje escogido, real sacerdocio, nación santa, pueblo adquirido por Dios...»

La historia de la interpretación del texto es larga. Bástenos aquí concentrar en la recuperación que hiciera la Reforma Protestante, muy apegada a las implicaciones que resaltan del texto en relación con el pueblo de Dios: El énfasis en el «sacerdocio universal de los creyentes» encuentra aquí una justificación fundamental.

El texto es afirmativo. Declara que unas personas expatriados ahora son verdadero pueblo de Dios. Ahora son del mismo linaje del pueblo de Israel, un cuerpo de sacerdotes y nación separada para una misión. El pasaje es inclusivo, pues amplía el espacio para darles cabida en el pueblo de Dios a las personas que están excluidas, marginadas, destituidas, atropelladas. Les da la esperanza de que hasta ahora no eran pueblo, pero de aquí en adelante, sí (2:10). Dicen eminentes estudiosos de la epístola que los expatriados y extranjeros se sentían amenazados y temerosos porque había mofa por el acento extranjero, las costumbres distintas y el trasfondo cultural del que venían. Había la idea de que llegaban a desconcertar el orden establecido. Pero el Evangelio, que es para toda raza, lengua, nación, pueblo y sexo, les asegura que las diversidades y las diferencias están dadas e incluidas porque hay gracia, aceptación y afirmación en el pueblo de Dios. Los «ninguneados» (dice José Cárdenas Pallares en México), los rechazados, son de la casa de Dios.

Y Jesucristo redime, acepta, transforma y conduce a esa masa antes excluida a la mesa del reinado de Dios. La mesa donde hay pan para todos y todas, pues nadie deberá quedarse con hambre; si, hay una mesa de hospitalidad grande y generosa para el pueblo de Dios. Que grande es el Evangelio que le da carta de ciudadanía a los indocumentados y quebrantados de cuerpo y espíritu. Hoy como en los tiempos del apóstol Pedro hay hambre y sed de un mensaje de consolación y esperanza como éste que anime y levante los ánimos caídos.

La reflexión sobre el pueblo sacerdotal en I Pedro subraya su gran valor e importancia para la iglesia de hoy. Se observa en muchas iglesias un vivo interés en el mensaje de esperanza en tiempos de aflicción. Esta exhortación a ser «real sacerdocio» pone el énfasis en el lugar correspondiente: Somos un pueblo sacerdotal. Ello significa que somos un cuerpo de servidores. La fuerza y autoridad del pueblo de Dios reside en la capacidad de indignarse por el pecado (personal y social) que mina a nuestras sociedades. Si las iglesias se sienten indignadas por esas corrientes adversas al propósito de Dios es porque ellas son parte de la solución y están definitivamente interesadas en acompañar, consolar y compartir las buenas nuevas de regeneración y transformación para todo el cosmos. Hay un ministerio de intercesión que se necesita urgentemente. Necesitamos iglesias comprometidas con la causa de Dios en este mundo, en medio de los conflictos.

Si somos «linaje escogido» es sólo por la gracia de Dios y no por una virtud especial que poseemos. La soberbia espiritual de creer que ya hemos alcanzado todo denota una gran pobreza espiritual y una distorsión del Evangelio. El privilegio de servir, la posibilidad de enseñar, el espacio para atender a los necesitados, la tarea de denunciar las idolatrías y desvalorizaciones que a diario encontramos en el mundo contemporáneo, hacen aún más imperativa nuestra militancia a favor de los valores del reinado de Dios.

Como «nación santa y pueblo adquirido por Dios» la epístola recalca que ahora los expatriados tienen un nuevo pasaporte, una nueva ciudadanía. Al ser incorporados en el nuevo pueblo de Dios fuimos adquiridos por la gracia de Dios manifestada en Jesucristo. Es que fuimos bendecidos y esa bendición es para compartirla y no retenerla como exclusividad. La acción de gracias a Dios es para nosotros bendición y para las personas que nos necesitan consolación y solidaridad. El asunto se resume así: fuerza espiritual, compromiso social. Las iglesias siguen siendo una alternativa moral, espiritual y social, ante la crisis que vive la humanidad. En la adoración ya anticipamos la plenitud del reinado de Dios y la disposición de promoverlo en el mundo.

Con este trasfondo bíblico y asumiendo el contexto donde se vive el compromiso de ser un «sacerdocio real», examinemos las perspectivas evangélicas que arrancan de la Reforma Protestante y se expanden a través del período moderno y contemporáneo, hasta nuestros días.

EL SACERDOCIO UNIVERSAL

Uno de los principios fundamentales que enarboló la Reforma Protestante del siglo XVI fue el llamado sacerdocio universal de los creyentes. De hecho, fue un factor decisivo que, arrancando con la cristología y siguiendo con la eclesiología, fue cuestionando la base doctrinal y teológica de la iglesia católico-romana.

El principio establece que la iglesia es comunión de los fieles (en latín, «congregatio fidelis»; en griego, «koinonía»), pueblo de Dios convocado por su palabra y llamado ahora por su gracia. Para Lutero esto significa que hay un acceso a Dios mediante la fe, en la gracia, que implica una relación del individuo con Dios y con su prójimo. Lutero subrayó el sacerdocio de todos los creyentes así:

En consecuencia ten la seguridad, y que así lo reconozca cualquiera que considera que es cristiano, que todos (sic) somos igualmente sacerdotes, es decir, tenemos la misma potestad en la Palabra de Dios y en cualquier sacramento. [Martín Lutero, Obras I, Buenos Aires: Paidós, 1967, 251]

Hay un sacerdocio de todos los creyentes que es ejercido por un grupo representativo cuya función, delegada por la comunidad de los santos, es la de administrar la Palabra y los sacramentos. Se ejerce así un ministerio especial y separado:

Estas palabras prestan un fundamento cierto y que no deja lugar a dudas. Confieren sobre abundantemente a toda la comunidad cristiana la, potestad de predicar, de hacer que se predique y de llamar para hacerlo. [Martín Lutero, Obras Escogidas, Salamanca: Sígueme, 1977, 210]

Calvino enfatiza el acceso a Dios mediante Jesucristo como mediador y gran sacerdote:

Cristo tiene además el nombre de sacerdote, no solamente para hacer que el padre nos sea favorable, y propicio, en cuanto que con su propia muerte nos ha reconciliado con El para siempre, sino también para hacernos compañeros y partícipes con El de tan grande honor. Por aunque nosotros mismos estamos manchados, empero, siendo sacerdotes en él (Ap. 1,6), nos ofrecemos a nosotros mismos todo cuanto tenemos a Dios, y libremente entramos en el Santuario celestial, para que los sacrificios de oraciones y alabanza que le tributamos sean de buen olor y aceptables ante el acatamiento divino. [Juan Calvino, Institución de la Religión Cristiana, Tomo I, Rijswijk: Fundación Editorial de Literatura Reformada, 1968, 371]

Calvino destacó que el ministerio derivado de este sacerdocio de todos los creyentes es representativo y delegado por el consentimiento y aprobación de la comunidad.

La Reforma Radical, cuyo sector predominante fue el anabautismo, enfatizó un sentido de admonición y disciplina en una comunidad de bienes, como sucedió con los campesinos en Alemania. El sacerdocio universal llega a su máxima expresión cuando una comunidad de regenerados hace profesión de fe pública y los creyentes son bautizados. Los anabautistas asumirán el papel de una comunidad discipuladora como un signo del Reino que es también real sacerdocio, pueblo santo. La tradición anabautista (particularmente el movimiento menonita) mantuvo una estricta separación entre la iglesia y el estado —muchas veces antagónica— delimitando cualquier ingerencia del estado en asuntos del ministerio y la autoridad eclesiástica.

La Reforma Protestante, en todas sus vertientes, recalca que los creyentes son mayordomos responsables en la comunidad de fe, con un llamado mutuo al arrepentimiento y al crecimiento en la fe. Se destaca la función pastoral (predicación, enseñanza consejería, dirección espiritual, administración de los sacramentos) de aquellas personas ordenadas al santo ministerio, dentro de una comunidad de bautizados incorporada al reinado de Dios. La noción primordial es que «la salvación es la operación exclusiva de Dios, de su amor y de su gracia...» [Norberto Bertón, «El sacerdocio universal de los creyentes», en Lutero ayer y hoy, Buenos Aires: La Aurora, 1984, 61]. En esa dependencia total de Dios se abre la posibilidad de ser responsables en favor de toda la humanidad. El cristiano vive en ese «paradigma paradojal de la vida cristiana». [Bertón, 63] Lutero lo precisaba de esta forma: «El cristiano es un hombre (sic) libre, señor de todo y no sometido a nadie. El cristiano es un siervo, al servicio de todo y a todos sometidos...» [Martín Lutero, Obras I, 1967, 150] Es el famoso libero arbitrio frente al servo arbitrio de Erasmo. La persona cristiana es libre para servir en amor. La «vida sacerdotal» demanda la acción de gracias a Dios y la intercesión por los demás. [Norberto Bertón, «El sacerdocio universal de los creyentes», 66-69] Es un servicio activo, eficaz y amoroso, que se da en la cotidianidad. Lutero, «substituye radicalmente la ética religiosa de la devoción (¡fe en la autoridad!) por esta nueva conducción evangélica (¡autoridad de la fe!)». [Bertón, 69] Es la distinción entre la salvación por la iglesia (católica) y la salvación en la iglesia (protestante).

Esta ética de convicción evangélica (la autoridad de la fe) ejerció una gran influencia en su época, pero probablemente dejó intactas las condiciones medievales de la ética de devoción (fe en la autoridad). Lutero planteó que la vocación sacerdotal debe estar servicialmente volcada al mundo: «La vocación sacerdotal volcada en el mundo corresponde a todos los laicos..., la historia es el ámbito para el sacerdocio». [Bertón, 70-72] Era necesaria una reforma para que la iglesia retornara a su fidelidad evangélica, que permitiera a todas las personas bautizadas una participación activa en la vocación evangélica y una conducción de la comunidad de fieles participativa y abierta. [Bertón, 75-78]

La Reforma Protestante no proclama meramente que cada creyente es su propio sacerdote ante Dios, ello es un ofrecimiento gratuito del mismo Dios que nos concede esa comunicación directa. Desde allí se nos impone una relación con el prójimo que es parte de nuestra «vida sacerdotal». Aunque la Reforma Protestante exaltó la persona en todas sus relaciones, incluyó una diaconía relacional que es social e histórica:

> El sacerdocio universal de los creyentes no se ejerce en beneficio propio, sino en beneficio de los demás; es un servicio de amor cristiano, «ministerio mutuo». [B. Foster Stockwell, ¿Qué podemos creer? Buenos Aires: La Aurora, 1987, 78-79].

Vocación y ministerio

La vocación señala al concepto «beruf» que en alemán significa vocación u oficio. El vocablo designa una profesión u oficio al cual Dios llama, sea religioso o secular. Fue Lutero mismo el que introdujo el concepto. Hay una ocupación y posición que se ejerce en la comunidad y la sociedad. La palabra, idéntica en sueco y alemán, «stand», significa que hay una posición u oficio en la cual la persona ejerce su vocación. Dios le da un lugar, una ocupación, una tarea, a cada creyente, que le responsabiliza para ser colaborador de Dios en la preservación de la creación. Por eso, cada creyente cumple en fe las exigencias de su vocación.

Para Calvino la vocación es un llamado que tiene como consecuencia la elección para una actividad social y económica. Es ciertamente un llamado divino, apegado a la ley de Dios, pero Calvino va un paso más allá: Le confiere un papel activo a los creyentes en la sociedad como agentes económicos y sociales. La vocación cristiana es un llamado para todos los creyentes. No obstante, hay un llamado a una función pastoral delegada en virtud de la ordenación otorgada por la iglesia. Lutero destaca que,

> Por ello somos todos sacerdotes cuantos cristianos existimos. Pero los que llamamos sacerdotes, ministros son, elegidos entre nosotros, y deben hacerlo todo en nuestro nombre. Y el sacerdocio no es otra cosa que ministerio (énfasis nuestro). [Martín Lutero, Obras I, 249]

Se concluye que el sacerdocio universal es constitutivo de la comunidad y el ministerio pastoral es una función delegada por esa comunidad para su propia edificación. Hay un ministerio separado, pero no jerárquicamente superior, ni previo a la constitución de la comunidad. Nadie puede hacer uso de esta autoridad sin el consentimiento de la comunidad que llama y elige.

Los anabautistas pusieron el énfasis en la tarea pastoral de exhortación y acompañamiento. La función pastoral es para dar testimonio público, disciplinar y amonestar, para edificar el cuerpo. Insistieron en la autoridad de la comunidad para llamar y comisionar la predicación del Evangelio. ¡Hay una gracia y oficio apostólico para toda la comunidad, pero no todas las personas son llamadas a predicar! Hay «diferentes oficios» dentro del cuerpo, designados por la propia comunidad.

Los Reformadores rechazaron la estructura jerárquica heredada de la Edad Media. Insistieron en quitarle un papel preponderante al sacerdocio sacrificial, con los siete sacramentos y prefirieron designarlo ministerio de la Palabra y el sacramento. Aunque algunas tradiciones protestantes mantuvieron los términos ministeriales—obispo, presbítero y diácono—le confirieron un carácter distinto, rechazando el carácter indeleble de la ordenación. Las iglesias luteranas tienen posiciones muy variadas desde aceptar el obispado con sucesión apostólica (Suecia), el obispado como oficio, sin sucesión apostólica (Dinamarca y Estados Unidos), presidentes ejecutivos (Sur América y África). Todas ellas conservan el cargo pastoral como la función fundamental de todo ministerio pastoral. Las iglesias reformadas reconocieron cuatro oficios ministeriales: pastores, maestros, ancianos y diáconos, aunque predomina el cargo de presbítero como la función ordenada (hay presbíteros laicos que ejercen funciones de liderato en la vida de la comunidad, equivalente a los ancianos en la tradición de iglesias libres).

El metodismo tiene cuatro posiciones fundamentales: obispos, superintendentes, presbíteros, diáconos, siendo obispos y superintendentes cargos de dirigencia y administración. Las iglesias libres: bautistas, congregacionales, Discípulos de Cristo, comparten el énfasis en el ministerio pastoral ejercido en la congregación local como la función pastoral principal. Hemos excluido el movimiento pentecostal por ser muy complejo y variado y por tener todas estas

tradiciones protestantes representadas en la diversidad de eclesio-
logías que reflejan una especie de «eclesiología relativa» susten-
tada en la vida en el Espíritu.

Los Discípulos de Cristo, y muchas iglesias bautistas, rechazaron
inicialmente cualquier «ministerio especial» distinto y separado y
dieron mucho énfasis al papel de los ancianos como líderes espirituales, maestros y predicadores. Con el correr del tiempo se hizo
hincapié en «el ministerio representativo» como una función delegada y reconocida a través del ministerio ordenado. Siempre existe
la prerrogativa de la congregación local en decidir el liderato pastoral que quiere, pero hay más y más consenso en la necesidad de
un ministerio pastoral adiestrado teológicamente y específica-
mente dedicado a las tareas pastorales. Se ha insistido entre las distintas vertientes de las Iglesias de Cristo y las Iglesias Discípulos de
Cristo en el papel central del laicado en la vida de la iglesia.

EL PUEBLO ADORADOR

El pueblo adorador es el factor fundamental en la adoración
protestante, reconociendo que el centro de toda adoración en
última instancia es Dios. Una de las características de la adoración protestante ha sido su diversidad. A través de la historia se
han ido desarrollando una gama de expresiones cúlticas, en respuesta a las experiencias que comunidades evangélicas han expe-
rimentado. El complemento aquí es la insistencia en la
participación activa del pueblo en la adoración. Se insiste en un
sentido de pertenencia y conciencia donde lo auditivo responde a
la proclamación viva de la fe en la palabra leída, cantada, proclamada y compartida.

Las iglesias surgidas de la Reforma Protestante del siglo XVI
recalcan en mayor o menor grado la persona adorante que porta
una piedad evangélica y la muestra como sujeto adorador. Con sus
sentimientos de alegría y tristeza los y las creyentes protestantes
traen a la comunidad de fe sus cánticos, peticiones, testimonios y
expectativas, mientras aguardan las bendiciones que han de recibir
para enfrentar la vida cotidiana. Por esta razón, la centralidad de la
palabra proclamada viene a ser culminación del mensaje de juicio
y esperanza que Dios les comunica. ¡Y hacer la voluntad de Dios es
lo que cuenta!

1 Pedro habla de «apacentar a la grey de Dios» (5:2). Ese cuidado y compasión, en una comunidad de ayuda mutua, democrática y participativa, es la garantía de ser «linaje escogido, real sacerdocio, nación santa, pueblo adquirido por Dios». Un pueblo adorador que sirve a Dios, le alaba y glorifica en el templo y da testimonio por su acción en el mundo, mientras espera la plenitud de su reino y la gran celebración del banquete mesiánico que el Señor ha prometido: «Y cuando aparezca el Príncipe de los pastores, vosotros recibiréis la corona incorruptible de gloria.» (5:4).

Para lograr ese privilegio hay que ser fieles y permanecer como pueblo de Dios en medio de estos tiempos.

3

Palabra y sacramento

La palabra de Dios es el elemento fundamental para la adoración cristiana desde una perspectiva protestante. La Reforma Protestante afirma que la Biblia es la Palabra de Dios. Para muchos protestantes esa afirmación mantenía una absoluta identificación entre palabra y escritura, al extremo de negar cualquier otro criterio teológico que los separara. Para otros protestantes había la sutil distinción de que la escritura contenía la palabra de Dios. La afirmación teológica más contundente era la que interpretaba que la centralidad de la escritura es la palabra de Dios y esa palabra es Jesucristo. Esta aseveración le da una sustentación cristológica a la fe, apuntando hacia aquella gran confesión que es la justificación por la fe en la gracia. Eso es lo que el evangelio comunica y ofrece como el don liberador de Dios.

Por otro lado, la Reforma Protestante rechazaba todo aquello que no estuviera apegado a la escritura. La sola *scriptura*, como principio, subordina la tradición del la iglesia a la escritura, aunque tanto Lutero como Calvino no se oponen radicalmente a la tradición. Lutero recalca que aquello que no se oponga a la escritura puede permitirse en la adoración. Calvino subraya que todo lo que se oponga a la escritura, especialmente a la adoración según el Nuevo Testamento, debe ser rechazado.

La Reforma Protestante buscó rescatar los principios novo-testamentarios como patrones para la celebración cúltica. Era el principio de regresar ad fontes, es decir, a las fuentes autorizadas de la

Biblia. Por eso la proclamación y la vida de Cristo son inseparables para todas las tradiciones protestantes. Los reformadores quisieron desechar la vida y culto de la iglesia católica medieval y regresar a las Escrituras para recuperar el evangelio puro en la enseñanza y la adoración.

Aunque no se abolió la ceremonia del culto católico (misa), los reformadores propusieron «evangelizar la misa» (Lutero), hacer el culto más sencillo y bíblico (Calvino y Zuinglio), y subordinar la adoración a la ética (menonitas). Por esto coincidieron en rechazar los siete sacramentos de la tradición católica-romana de la que provenían, manteniendo el bautismo y la cena por considerarlos bíblicos y ser instituidos por Cristo.

Se ha dicho con mucha frecuencia que la Reforma Protestante privilegió la palabra (oída, proclamada) frente a la tradición católico-romana que enfatiza la centralidad de los sacramentos. Aunque esos énfasis son evidentes en ambas tradiciones cristianas, es muy útil subrayar que tanto la palabra en el sacramento como el sacramento en la palabra ofrecen matices que, examinados detenidamente, no tienen que ser necesariamente excluyentes. Para la iglesia misionera del Nuevo Testamento enseñar, bautizar, proclamar y la cena común eran elementos esenciales de la vida en comunidad que la iglesia pretendía cultivar y testimoniar.

Los propios reformadores protestantes subrayan a menudo que «la eficacia de la palabra se muestra en el sacramento no por ser dicha, sino por ser creída», decía Calvino siguiendo a San Agustín. Para aquellos reformadores el énfasis central era Cristo mismo como la palabra de Dios, que en sí mismo es Cristo-Sacramento como don de Dios. Es Cristo mismo lo que nos es conferido por la Palabra. Es la palabra encarnada como verdadero hombre y verdadero Dios, quien nos encuentra y se transforma en la buena noticia del evangelio. Una frase latina subraya la viva *vox evangelii* como la palabra viva que se actualiza en la proclamación.

Para la Reforma Protestante el sacramento es medio de gracia, que cobra su eficacia por la fe. En la adoración comunitaria esa eficacia produce vida en la experiencia de las personas adorantes. Aunque los reformadores protestantes rechazaron la carga «sacramentalista» que se le había conferido a los sacramentos, convirtiéndolos en actos cuasi mágicos, ellos mantuvieron que los sacramentos del bautismo y la cena son fundamento de fe que nutren y remiten a Jesús, y simbólicamente los encontramos en la comunidad eclesial. Tienen una carga de significación y trascendencia, particularmente para Lutero y Calvino, pero no son mágicos. En ese sentido, nos concientizan sobre nuestra pertenencia a la comunidad de fe y el testimonio en el mundo.

Los sacramentos u ordenanzas han suscitado grandes polémicas en las iglesias herederas de la Reforma. Esto implica una gran variedad de interpretaciones y acercamientos, con disparidad de criterios. Algunos eruditos de la Reforma Protestante han señalado que el verdadero centro de toda la adoración protestante es la íntima relación entre palabra y sacramento. Algunos otros eruditos enfatizan la palabra en los sacramentos. Bástenos ahora destacar la importancia del bautismo y la santa cena (como comúnmente se le conoce en círculos protestantes), seguido por algunas experiencias de adoración protestante, particularmente las que han predominado en los últimos casi 500 años de protestantismos. Finalmente, resaltaremos el sacramento de la palabra viva, como hemos denominado a la predicación protestante para los propósitos de este libro.

EL BAUTISMO Y LA SANTA CENA

Los reformadores optaron por rechazar cinco de los siete sacramentos que la tradición católico-romana había promulgado como parte de su teología y sistema sacramental. Su argumento básico era que sólo dos sacramentos, el bautismo y la santa cena, tenían sólida base bíblica. Sin embargo, hubo diferendos serios entre los reformadores dada la diversidad de interpretaciones que se suscitaron a pesar de su común rechazo al sistema sacramental católico.

Examinemos las posturas que asumieron, más allá de las agrias discrepancias entre Lutero y Zuinglio, y la posición intermedia que asumió Calvino. Recuérdese que los reformadores protestantes mostraron posiciones muchas veces muy ambiguas en respuesta a la teología sacramental católica, particularmente en lo que respecta a la concepción sobre los sacramentos. Resultó más fácil reaccionar al catolicismo que elaborar su propia teología.

Para Martín Lutero el bautismo es el acto primordial que incorpora a las personas creyentes a la comunidad de fe. En realidad, es Dios mismo en su gracia que nos confiere este don. El bautismo es señal de nuestra salvación, acto de redención y certeza de la misma. Aunque la tradición luterana adoptó el bautismo de infantes como muchas otras tradiciones protestantes, Lutero había expresado que el bautismo por inmersión que simboliza la sepultura de la vieja criatura y la emersión que testifica la resurrección a la nueva criatura. Cada día las personas creyentes deben recordar que el bautismo es un revestimiento en la fe y sus frutos y un renacer a lo nuevo. Es gracia, como regalo de Dios y promesa de lo que Dios mismo seguirá haciendo en la vida de los y las creyentes.

Lutero llegó a convencerse que el bautismo de infantes es la práctica correcta para la iglesia, insistiendo que los niños deben ser bautizados no por su propia fe, sino porque el Espíritu Santo crea dicha fe en ellos. La insistencia es en la presencia de Dios como misterio insondable, que por su sola gracia confiere la bendición a los niños. Aquí notamos una vez más lo que hemos aseverado anteriormente, los reformadores asumen posiciones ambiguas cuando tratan de explicitar su propia concepción de los sacramentos. Aquí Lutero reacciona contra los anabautistas y su posición radical que insiste en el bautismo de creyentes adultos y su profesión de fe pública.

> ¿Cómo explica Lutero el sacramento del cuerpo de Cristo? Primero, en el sacramento de la cena hay promesa, signo y fe. Para el catolicismo sin la fe ya hay promesa y signo (presencia), a través del *opere operatio*. Esta frase en latín quiere decir que los sacramentos son eficaces en sí mismos, independientemente de las actitudes, pensamientos o pecados de quienes los administran [Justo L. González, Diccionario Manual Teológico. Barcelona; Editorial CLIE, 2010, 120.]

Para Lutero hay salvación sin los sacramentos, no así sin el Evangelio. Por ello ha descartado aquellos sacramentos que la iglesia católica ha mantenido cautivos, de acuerdo con su teología.

Para Martín Lutero la cena tiene un doble sentido: Cristo se hace presente por su Palabra, pero el pan y el vino tienen un sentido especial cuando se unan en el momento mismo de la celebración comunitaria. La presencia real se da cuando una comunidad vive y espera, afirmando «este es mi cuerpo», «esta es mi sangre». Por la misma palabra de Cristo es que esa presencia es real en y con el pan y el vino.

Zuinglio sostuvo que los dos sacramentos del bautismo y la cena eran los únicos bíblicamente válidos, afirmando que el bautismo nos confiere el ser cristianos y la cena nos concede ser miembros de la iglesia.

El bautismo es señal que apunta a una constante transformación de la vida conforme al modelo de Cristo, según Zuinglio. La cena nos asegura que formamos parte de una comunidad de fe que con gozo y gratitud experimenta la redención que Cristo nos ha otorgado. Para Zuinglio los otros sacramentos aceptados por el catolicismo son meras ceremonias que no tienen carácter obligatorio y se puede prescindir de ellos. Sólo el bautismo y la cena han sido debidamente instituidos.

Zuinglio insistía que la cena del Señor es un memorial espiritual. El pan y el vino no pueden salvar al ser humano. En ese acto recordamos lo que Cristo ha hecho gozosamente. Lo indispensable en la celebración es el alimento espiritual que nos confiere la fe. Las palabras de institución en la cena han de ser tomadas en ese sentido, como profesión de fe. En otras palabras, se trata de creer en Cristo y creer en el acto de su muerte, que conmemoramos, a partir de la resurrección.

Lutero y Zuinglio se enfrentaron en el famoso Coloquio de Marburgo de 1529 en torno al tema de la presencia real de Cristo en la cena. La argumentación giraba en torno a Juan 6 y su interpretación. A pesar de una gran afinidad teológica frente al catolicismo romano y la defensa de la fe evangélica, las discrepancias en cuanto a la cena fueron serias.

Lutero defendió la presencia real de Cristo en la cena. Por el misterio de su Palabra allí Cristo se hace presente. El testimonio bíblico, de acuerdo con Lutero, lo confirma, «esto es mi cuerpo». Zuinglio insiste, Cristo esta presente espiritualmente por la fe creída.

Para Calvino hay una primera afirmación de rechazo a los sacramentos como poseedores de una gracia en sí mismos, como sostenía la teología católico-romana. Por ello busca distinguir entre el sacramento propiamente y la realidad sacramental. No se le debe atribuir al sacramento lo que no confiere. Por eso Cristo es la fuente espiritual de todo sacramento. Por medio de los sacramentos nos unimos a Cristo. La eficacia del sacramento proviene de la palabra de Dios y la fe de quienes lo reciben. Al estar subordinados a la palabra de Dios cuando esa palabra es leída, predicada, entendida y recibida por la congregación.

El bautismo para Calvino es marca y signo que nos hace miembros de la comunidad de fe, «injertados en Cristo» hechos hijos e hijas de Dios. El bautismo ha de acompañar la vida de los creyentes en constante fortalecimiento espiritual por la fe y en recordación de lo que Cristo por su propia sangre ha hecho por nosotros y nosotras.

En la cena el pan y el vino nos alimentan y somos elevados hasta su presencia celestial por la acción del Espíritu Santo. En este aspecto Calvino estuvo más cerca de Lutero que de Zuinglio, rechazando que la cena era un mero memorial espiritual. Para resolver el problema de la ubiquidad (transubstanciación para los católicos, consubstanciación para los luteranos y anglicanos, y memorial de fe para los zwinglianos) Calvino recurre a mantener la afirmación de que Cristo está sentado a la diestra del Padre, y por la acción del Espíritu Santo somos elevadas y elevados a El en el acto de comunión.

La tradición anabautista, como parte de la llamada reforma radical, insiste en que los llamados sacramentos no sólo son meras ceremonias sino que nos alejan del carácter comunitario y martirial de la experiencia de fe. En otras palabras, todo parte de la fe profesada por una comunidad de creyentes adultos y conscientes que aceptan el llamado al seguimiento de Cristo hasta las últimas consecuencias. Por esta razón, rechazaron el bautismo de niños como abominación que niega lo que ordena la palabra de Dios. Tiene que darse un arrepentimiento visible y audible que muestre el nuevo nacimiento que viene por la fe en Jesucristo. A ese acto público le sigue el bautismo por inmersión. El bautismo y la cena son testimonios de fe que nos recuerdan el compromiso con el reinado de Dios sin componendas ni artificios, y bajo una ética radical de amor que exige un pacifismo radical, particularmente las iglesias menonitas. La fe y la vida van juntas.

Haremos referencia a tres tradiciones cristianas y su concepción de la adoración cristiana al inicio de la sección en el próximo capítulo donde destacaremos la variedad de experiencias de adoración protestante. Partimos de la propia concepción que estas tradiciones tienen de su eclesiología y teología sacramental. Ellas no se consideran tradiciones protestantes. Se trata de la Iglesia Católico-Romana, las Iglesias Ortodoxas (cristianismo oriental) y la tradición anglicana.

EL SACRAMENTO DE LA PALABRA VIVA

Para todas las tradiciones protestantes el centro de toda experiencia cristiana reside en el mensaje del Evangelio del reino de Dios. La buena noticia que la iglesia proclama es la vida, ministerio y obra redentora de Jesucristo. Martín Lutero insistía en la pasión por la palabra como principio fundamental de toda la proclamación evangélica. La predicación exige la entrega total, en compromiso y empeño por tornarla una experiencia viva.

La proclamación del Evangelio tiene un sustento esencial en una fe inteligente y una experiencia auténtica de fe. Ambos aspectos deben mantener un sano equilibrio en el proceso de proclamar la palabra de Dios.

Las iglesias protestantes han puesto un énfasis marcado en la proclamación verbal de la palabra. El sermón dentro del culto tiende a ser el punto culminante y definitivo. En algunas tradiciones se complementa esa centralidad del sermón con testimonios, pláticas, estudios bíblicos y cultos evangelísticos.

La mayoría de esas tradiciones protestantes conceden un valor supremo a la autoridad del predicador o predicadora como portador de enseñanza, exhortación y discernimiento espiritual. En muchas de ellas se espera que la proclamación mantenga un equilibrio sano entre lo profético y lo pastoral. La proclamación plantearía preguntas de fe y emitiría juicios éticos, pero no puede ser tribuna de opinión autoritaria ni opiniones impuestas. Incluso, la predicación debe tener, en esa dimensión protestante, criterios teológico-doctrinales, sin convertirse en cátedra teológica.

Los reformadores protestantes del siglo XVI, particularmente Lutero y Calvino, concebían que toda adoración, y por ende la predicación de la palabra, se ubicaba de manera privilegiada en la vida comunitaria. Y por esa misma razón, ligada a la celebración cúltica. La proclamación en el contexto de la celebración cúltica enfatiza los aspectos bíblicos, eclesiales y diaconales. Todos los elementos de la adoración deben estar íntimamente relacionados con la predicación. Esa dinámica palabra-sacramento es vital para la Reforma Protestante. Se trata de una tarea pastoral que proclama el evangelio y se compromete en el servicio. El servicio es piedra angular, junto con la proclamación de la vida en comunidad.

Proclamar es servir y servir es proclamar. Lutero lo enfatizó claramente en su tratado sobre la Libertad cristiana.

La predicación es un medio para la gracia. Por lo tanto, es un sacramento audible a diferencia de la eucaristía que es un sacramento visible. El foco intencional de la Palabra es la encarnación del verbo. La proclamación del mensaje es la proclamación del verbo. Es el Evangelio actualizado.

Para la Reforma Protestante la adoración debe ser una proclamación de la historia salvífica desde la creación hasta la consumación final. Ella misma es una gran predicación. El testimonio de las personas adorantes es una proclamación de la obra de Dios en el mundo. Según Martín Lutero esa es la más grande vocación de los y las creyentes.

4

La adoración protestante: Variedad de experiencias

En este capítulo se trazan las diversas tradiciones protestantes que surgieron de la Iglesia Católico-Romana, pasando por las iglesias ortodoxas como parte del cristianismo oriental y la tradición anglicana. El propósito es más pedagógico que polémico.

La tradición católico-romana está fundamentada en una estructura jerárquico-jurídica y sacramental. La base de esta estructura es el magisterio (obispos y sacerdotes bajo la cabeza del papado). El centro de la adoración para el catolicismo es la Misa, basada en la liturgia de la Palabra y la liturgia de la Mesa. A través del acto sacramental cuya culminación es la consagración de los elementos (el pan y el vino) y su transubstanciación, constituyendo así el sacrificio de Cristo actualizado.

La tradición ortodoxa (que incluye las iglesias del cristianismo oriental) mantiene un principio de relación con lo que ellos denominan el *sobornost*, la pertenencia a una comunidad solidaria, y se inserta en la gran tradición cristiana desde los tiempos apostólicos. Este principio identifica a la Iglesia como una comunidad adorante, a través del drama litúrgico que se inserta en la historia de la salvación como misterio y promesa, y en proyección hacia la vida futura. Los sacramentos son alimento espiritual para la vida cotidiana, misteriosamente transformados en el verdadero cuerpo y sangre de Cristo, que abraza a los creyentes y les hace partícipes de su gracia.

Los íconos, figuras pintadas en relieve, apuntan a un movimiento de imagen y figura. La imagen cobra vida en la medida que la persona creyente capta el misterio que porta y lo comparte como alimento espiritual. Estas iglesias tienen unas ceremonias litúrgicas muy elaboradas, con muchos símbolos y colores litúrgicos.

La tradición anglicana surgió como una estructura legal-eclesiástica en Inglaterra. Hay un proceso selectivo que asume la catolicidad de la Iglesia, sin su relación con Roma. A este principio se le ha llamado «Anglo-catolicismo».

La tradición anglicana se considera como la «vía media» entre el protestantismo y el catolicismo. Enfatizan la consubstanciación en la celebración de los sacramentos. El Libro de Oración Común es su manual litúrgico por excelencia, con la centralidad de la Misa como acto sacramental, bajo un sistema de gobierno episcopal. Hay tres manifestaciones en la experiencia comunitaria de la fe anglicana: La iglesia alta (en inglés *high church*), la iglesia amplia (*broad church*) y la iglesia baja (*low church*). El elemento distintivo aquí es el mayor o menor grado de sofisticación litúrgica y los énfasis en algunos principios evangélicos cercanos a la piedad evangélica y a las iglesias evangélicas.

EXPERIENCIA LUTERANA

Martín Lutero afirmó que la Iglesia es una comunidad de fieles. Esta realidad queda enmarcada por el carácter normativo de la Sagrada Escritura, subrayando que es la misma palabra de Dios y que la palabra de Dios es Jesucristo. Lutero entiende que la vida en la fe cristiana gira alrededor de los sacramentos, la proclamación del Evangelio y la comunión ferviente.

Un elemento básico es el sacerdocio universal de los creyentes. Con esto la Reforma Protestante pretende refutar el concepto católico-romano del sacerdocio y la propia estructura sacramental de la Iglesia. Se destaca el libre y directo acceso a la gracia divina a través de Jesucristo. Esto es confirmado por los conceptos *sola fide, sola gratia, sola scriptura*. Sólo en la fe por la gracia somos salvos. Lutero concibe la fe como confianza en Dios (fiducia), como entrega al Dios de la gracia. Además, puntualiza la tensión creativa entre Ley y Evangelio. Si la ley acusa y dictamina que soy una persona pecadora, me confronta con la realidad de no poder por mis propias fuerzas conseguir el camino de salvación. La gracia me absuelve y me declara salvo o salva por la noticia liberadora del Evangelio, colocándome en el camino correcto por la fe.

Otro aspecto teológico fundamental en el luteranismo es la distinción entre la teología de la cruz y la teología de la gloria. Para Lutero el verdadero quehacer teológico consiste en detectar cuál es la verdadera manifestación de Dios. El teólogo de la gloria busca la manifestación de Dios sólo a través de lo armonioso, bello y hermoso; el teólogo de la cruz ve que Dios se manifiesta a través de lo oprobioso, desdeñable y feo. Dios se mantiene paradójicamente escondido y descubierto, a través de las cosas que no parecen ser vehículos de su revelación.

La liturgia luterana se distingue por la centralidad de la Palabra (leída, proclamada y vivida). El momento de la proclamación del Evangelio, a través de la predicación, constituye un evento cardinal porque la palabra viva confronta, conforta y desafía.

Los actos litúrgicos más sobresalientes del luteranismo son: El Oficio Mayor (Lutero reformó el orden de la Misa dándole un énfasis más evangélico), los maitines (breves momentos matutinos de oración), las vísperas (ordenes breve para las devociones vespertinas), letanías para cultos especiales (bautismos, matrimonios, sepelios) y un orden para la escuela dominical. Todos estos actos litúrgicos son para la edificación de la comunidad de fe.

La reforma luterana y su experiencia litúrgica han tenido un desarrollo significativo, que partiendo de una tradición y patrones comunes, demuestra vitalidad y vigencia.

Uno de los aspectos más creativos ha sido la producción musical. Hay que destacar a dos músicos clásicos: Juan Sebastián Bach y Jorge Federico Handel. En la música clásica de los últimos tres siglos sus nombres han representado una prolífica e innovadora fuerza musical. Su influencia en otros compositores y escuelas musicales es evidente. Y sus raíces luteranas se reflejan en las teologías de sus oratorios, sinfonías pasiones y corales. El Mesías de Händel y las pasiones de San Mateo y San Juan de Bach son testimonios elocuentes de la más auténtica «piedad luterana».

El desarrollo litúrgico puede destacarse en cinco períodos teológicos que marcaron las reformas litúrgicas: la llamada Ortodoxia Luterana (1550-1700), el Pietismo Luterano (1650-1800), la

Ilustración (1700-1800, particularmente en Alemania), el movimiento de restauración litúrgica (1800-1950, particularmente en los Estados Unidos) y las reformas litúrgicas del Tercer Mundo (1960, en adelante).

Hay que subrayar que la postura confesional luterana, con su fuerte énfasis en temas teológicos y sus desarrollos sistemáticos, influye notablemente en todo lo que tiene que ver con las experiencias litúrgicas. Incluso, las innovaciones implementadas son celosamente vigiladas por las iglesias nacionales de confesión luterana. Toda reforma litúrgica debe tener una sustentación teológica. Aquí hay que mencionar la cantidad impresionante de manuales de culto, himnarios y nuevos órdenes litúrgicos que deben ser autorizados por dichas iglesias.

La Ortodoxia Luterana fue un período de sistematización teológica que llevó a la elaboración de teologías sistemáticas, amplias disquisiciones en los seminarios y universidades luteranas sobre la gracia, la cristología, la iglesia, los sacramentos, el ministerio, entre otros temas. Ello trajo como consecuencia una reacción negativa de la feligresía que consideraba mucha de esa discusión teológica «fría, desconcertante, estéril e irrelevante». En algunos círculos la crítica fue más lejos, acusando a los teólogos de pedantes, impíos y escolásticos protestantes. Entendían que se había separado de la fe luterana más auténtica iniciada por Martín Lutero y su pasión por la proclamación de la Palabra y la celebración de los sacramentos.

El efecto de todo este «escolasticismo protestante» fue una liturgia esquemática y rutinaria, con patrones muy fijos y ortodoxos. El principio básico era cómo distinguir lo que era una mera opinión teológica y lo que constituía el corazón de la fe expresada en el culto.

El pietismo alemán luterano fue una reacción militante en contra del escolasticismo protestante. Era la búsqueda de una fe sencilla que partía de la experiencia personal de los y las creyentes. Se buscaba una vida de piedad evangélica, ejercitada en círculos de oración y estudio bíblico. Una liturgia sencilla que invitaba a la vida de santidad y el testimonio en los llamados «colegios de piedad», formaba parte de la vida comunitaria del pietismo.

Los cánticos evangélicos eran preferidos a los clásicos corales luteranos. La profundidad teológica daba paso a la sencillez de la experiencia y el afecto cristianos. Los sacramentos mantenían la solemnidad luterana, pero adquirían un fervor evangélico de corte más testimonial. Parte del entusiasmo pietista era la evangelización, y como consecuencia una predicación que apelaba a la conversión y al ser renacidos. Las llamadas al altar para la conversión la reconciliación eran parte del nuevo culto.

La Ilustración, y su carga racionalista y moral, planteaba el viejo tema de la relevancia del culto. Para muchos de sus teólogos la sencillez en los ritos, la simplicidad en la arquitectura eclesiástica y el contenido moral en la predicación, eran algunos temas importantes. Ellos diferían teológicamente del pietismo, pero coincidían en muchos aspectos en la vivencia de la fe cristiana. Era como volver, en cierta medida, al escolasticismo protestante. En muchos círculos luteranos se buscaba un balance entre lo racional y lo espiritual; lo teológico y lo práctico.

Ambos movimientos, el pietismo y la ilustración apelaban al individualismo y la experiencia personal desde posturas divergentes. Hay que recordar la importancia que Philipp Spener y August Francke, los dos líderes del pietismo luterano, dieron un gran énfasis a la reflexión teológica y no sólo a la experiencia.

En tierras alemanas y escandinavas, particularmente en Dinamarca, las iglesias luteranas intentaban volver a las fuentes principales de la reforma luterana, luego del impacto de los movimientos pietista e ilustración. Les parecía que estos movimientos habían traído ciertos excesos y desviaciones y juzgaban que era el tiempo de reclamar la herencia luterana. En los Estados Unidos había grupos de inmigrantes suecos, alemanes y daneses que trajeron su herencia luterana. Aunque el pietismo y la ilustración les habían impactado, tenían un ferviente deseo de remontarse a la experiencia litúrgica de la segunda generación luterana. Para ello comenzaron a buscar en los viejos manuales e himnarios luteranos y, junto con la recuperación de aquella memoria histórica, escribieron nuevos himnos y elaboraron sus propias liturgias dentro del marco de los parámetros luteranos.

En el siglo XIX el movimiento misionero luterano en África, Asia, Latinoamérica y el Caribe, mostró tanto su reticencia original para la adaptación y el cambio como la rigidez en mantener patrones heredados de Europa y Norteamérica. Habría que esperar a la segunda mitad del siglo XX para que, inspirados en las reformas litúrgicas que se dieron en el seno de los luteranismos

europeos y norteamericanos, se iniciaran movimientos de renovación litúrgica. La Federación Luterana Mundial, fue el agente
catalítico al promover consultas, talleres, la recopilación de nuevos cánticos y las discusiones sobre culto y cultura a nivel de sus
asambleas mundiales.

La Iglesia Evangélica Luterana en América ha impulsado un
fuerte movimiento de renovación litúrgica, con la producción de
manuales e himnarios que demuestra un claro intento de contextualizar más y más la adoración. Un ejemplo de este esfuerzo es la
publicación del Libro de Liturgia y Cántico (1998), con la inclusión
de una gran variedad de cánticos del mundo entero y como claro
compromiso con la diáspora hispana en Estados Unidos.

En Centroamérica se dio un impulso importante a la renovación
litúrgica, particularmente con la llamada Misa Luterana
Salvadoreña, producida por el Sínodo Luterano Salvadoreño y en
uso hoy en todas comunidades luteranas de la región. Al examinar
las ceremonias y los cánticos incluidos se nota la influencia de las
comunidades eclesiales católicas de la región.

EXPERIENCIA REFORMADA

Ulrico Zuinglio fue muy influido por el humanismo y los
movimientos espiritualistas, al igual que por Erasmo de
Róterdam. Para Zuinglio lo esencial era la predicación del
Evangelio, incluso utilizando directamente versiones bíblicas en
los idiomas originales. El Evangelio se reduce a una expresión
de una religión moral como nueva ley. Es una ley que se graba
en el corazón. Zuinglio reclama unos criterios rigoristas y lega-
listas al aplicar la ética. El cristianismo, por ser la total revelación de Dios, supera todas las religiones. Cuando por gracia
recibimos la fe, de inmediato respondemos a Dios, y nos dispo-
nemos al verdadero discipulado.

Zuinglo estaba tan fervorosamente opuesto al catolicismo
romano que no aceptaba ninguna adaptación de los rituales católicos. No gustaba de ritos, ceremonias o celebraciones, radicali-
zando, como dijimos, el concepto de la cena como algo meramente
espiritual y memorial.

Juan Calvino fue el gran sistematizador de la Reforma
Protestante. Aunque en los principios doctrinales básicos con-

cuerda con Lutero, hay unos elementos distintivos que vale la pena destacar.

Para Calvino la fe en Dios es obediencia. Para la persona cristiana lo importante es entender cuál es la voluntad de Dios. Esto hace posible captar la gloria de Dios y comprender el verdadero sentido de la divinidad.

Una doctrina fundamental de Calvino y de la tradición reformada es la predestinación. Calvino afirmaba que Dios en su soberanía ha escogido a unos para bendición y los ha santificado como «vasos de honor». Es la libre voluntad de Dios que favorece y bendice a los escogidos e implícitamente ha condenado a los demás. El énfasis es la elección de una masa de perdidos que Dios favorece con la salvación.

La tradición reformada expandió y elaboró estas doctrinas. La historia del desarrollo posterior, particularmente en las iglesias reformadas, congregacionales y presbiterianas, llevó incluso a controversias dentro de la propia familia reformada. Sin embargo, se pueden destacar algunos elementos comunes y constantes en todas ellas.

Calvino destacó la centralidad de la Palabra de Dios en el culto. En cada congregación reformada hay un púlpito o una mesa de comunión con la Biblia abierta. El pastor o la pastora deben poner todo su empeño en la exposición de la Palabra. El culto debe ser dirigido a Dios con énfasis a su majestad, el pecado del ser humano y la búsqueda de la gracia.

Calvino concibió que la forma más apropiada para la alabanza fueran los «salmos métricos». El concepto «salmos métricos» se refiere a una traducción de los salmos, adaptados al idioma del pueblo de tal forma que su métrica permitía cantarlos. Algunos colecciones de salmos métricos contenían melodías y hasta armonizaciones.

De acuerdo a la perspectiva calvinista, el culto debe seguir los patrones del Nuevo Testamento y evitar cualquier añadidura que confundiera el foco central de toda adoración: Dios. Todo los demás, incluyendo las imágenes, cuadros o adornos con colores, pueden llegar a ser ídolos inaceptables.

Aunque Calvino, y particularmente la comunidad ginebrina en Suiza, no creía en formas sofisticadas para la adoración, si prefería un orden sencillo para el culto. Había un énfasis en la celebración de la eucaristía, siguiendo el sentido que le dio la iglesia primitiva a la comunión semanal. En algunas iglesias reformadas, particularmente en los Países Bajos, se acostumbró celebrar la cena una vez al mes y luego cuatro veces al año.

Los elementos principales del culto reformado eran los salmos métricos, las lecturas bíblicas, el sermón y la comunión o santa cena. En algunos círculos reformados el «orden de Juan Calvino» ha sufrido una transformación. Mucha de la sencillez inicial se perdió, incluyendo la celebración semanal de la Cena del Señor. Aunque todavía se conservan algunos de los elementos básicos que Calvino y Zuinglio promovieron, el culto reformado ha tomado otras direcciones y ha evolucionado hacia nuevas formas. La tradición luterana conservó mucho más la «esencia» del orden luterano inicial en el culto.

La tradición reformada y su gran exclusividad teológico-doctrinal, con la evidente influencia y prominencia de Juan Calvino en todas las iglesias, demuestra cierta flexibilidad y sencillez desde sus orígenes. La prominencia de la Palabra de Dios en el culto y el énfasis en un Dios presente e interviniendo activamente en medio de su pueblo determina mucho de lo que acontece en el culto, y un patrón heredado determina la celebración de los sacramentos y el culto semanal. Pero en cada contexto se van configurando los perfiles comunitarios y la diversidad cultural que adoptan las iglesias reformadas.

Desde Suiza y hasta Escocia, pasando por Estados Unidos se han dado procesos evidentes de reformulaciones litúrgicas más elaboradas. Bástenos examinar algunos manuales e himnarios presbiterianos y se constatará esa tendencia. En el territorio norteamericano la tradición reformada pasó por transformaciones fundamentales desde la presencia de los puritanos y congregacionalistas en la costa este de la nación, la expansión fronteriza hacia el oeste y la presencia en el sur.

Los grandes avivamientos de los siglos XVIII y XIX en Estados Unidos crecieron, en parte, en las iglesias reformadas. Su influencia en el movimiento de santidad, las campañas evangelísticas con predicadores como Carlos Finney, es evidente.

Una proliferación impresionante de liturgias reformadas, con sus respectivos manuales e himnarios se ha dado en el mundo entero, y en diferentes idiomas. La Alianza Reformada Mundial, agrupación en que han participado la mayoría de las iglesias reformadas del mundo, ha publicado estudios y materiales de apoyo sobre temas culturales y litúrgicos.

Un aporte significativo de las iglesias presbiterianas reformadas es la música contemporánea con nuevo contenido teológico y musical en África, Asia, Latinoamérica y el Caribe. Esas contribuciones son muy evidentes en los himnarios y cancioneros ecuménicos del Consejo Latinoamericano de Iglesias, la Conferencia de Iglesias del Caribe y el Consejo de Iglesias de Cuba.

EXPERIENCIA ANABAUTISTA

Abordar la experiencia de adoración entre los anabautistas es tarea compleja. La Reforma Radical o la así llamada «ala izquierda de la reforma» estaba formada, por lo menos, por seis grupos distintos. Por lo tanto, debemos destacar algunos rasgos distintivos que son comunes a todos ellos.

Los anabautistas parten de un sentido de entrega total a Cristo. El sentido de la vida está centrado en el discipulado. Hay que cultivar en todo tiempo una ética de conformación a Cristo, con una disciplina estricta en todos los niveles de la existencia humana. La verdadera vida de fe consiste en esta experiencia profunda de seguimiento a Cristo.

El creyente experimenta una luz interior como revelación especial. El Espíritu Santo se manifiesta a la persona creyente, aún en sueños y visiones, confirmando lo que Dios desea revelar.

Hay una discontinuidad absoluta entre la esfera espiritual y la secular. En el plano ético-político esta postura se ha interpretado de diversas maneras. Los dos extremos han sido una huelga social y radical frente a toda autoridad política a través del pacifismo y la no-violencia, y la segunda la militancia que incluye el uso de la violencia revolucionaria para provocar cambios. El fondo ético fundamental es el martirio como respuesta radical desde la ética del Reino.

Todos los movimientos que surgen del anabautismo conciben la iglesia como una comunidad relativa al Reino, de carácter libre y voluntario. La verdadera comunión de los y las que siguen a Cristo hasta la cruz.

La experiencia de adoración de los anabautistas es muy diversa. Pero hay un elemento esencial: el bautismo de creyentes. De ahí el epíteto «anabautista» (que quiere decir «rebautizar»). Ellos insistían que solo personas adultas y conscientes que profesan la fe públicamente constituyen la verdadera iglesia. Todas sus prácticas cúlticas son muy sencillas. El culto anabautista es bíblico-céntrico, con un marcado énfasis en asuntos éticos. Uno de los sectores más conocidos en esta tradición son los menonitas, cuyo nombre deriva de su fundador en Holanda, Menno Simons.

La experiencia anabautista se expandió en movimientos de corte pietista-evangélico, con un estilo sobrio y reservado, incluyendo la adoración. Con actos cúlticos sencillos los anaubautistas han enfatizado la predicación con un reclamo ético en el seguimiento a Jesús y estudios bíblicos sobre la paz y la llamada al pacifismo, resaltando Las bienaventuranzas en Mateo 5 como foco central de ese llamado a ser comunidades reconciliadoras, perdonadores y testigos de Jesucristo en la historia. Los himnos y los salmos recitados son característicos en sus cultos.

EXPERIENCIA WESLEYANA

La tradición wesleyana nace en Inglaterra como un movimiento reformador dentro de la tradición anglicana, en el siglo XVIII. Surgió de la insatisfacción de algunos anglicanos, dirigidos por Juan Wesley. Estos veían a la iglesia en un estado de indiferencia, frialdad y falta de contenido y pasión evangélica. Wesley se abocó a la tarea de rescatar una dimensión evangélica de la vida y el culto de la iglesia.

Juan Wesley asumió la eclesiología anglicana, particularmente su estructura eclesiástica episcopal. Wesley tomó la doctrina de la salvación de la tradición luterana y la combinó con la experiencia pietista morava, formando una nueva síntesis teológica. El metodismo que salió de este intento influyó notablemente en el período moderno. El énfasis en la evangelización y su eficiencia organizativa dieron un ímpetu al movimiento metodista en Inglaterra y Estados Unidos.

La fuerza vital del culto metodista procede de la doctrina de la santidad. La santidad para el metodismo es la meta de la vida cristiana. Wesley quería rescatar el sentido del culto como lo practicó la iglesia primitiva. Wesley insistió en el ayuno y la celebración de la eucaristía porque son la manifestación viviente y visible de la devoción cristiana. La aspiración a la vida santa encamina a la persona creyente hacia la perfección. El culto es la manifestación de esa búsqueda y el ofrecimiento de toda la vida a Dios y en servicio al prójimo. Hay una ética social que brota de la experiencia de adoración y se desborda en acción social en el mundo.

La tradición wesleyana enriqueció el acervo musical de las tradiciones protestantes con miles de himnos y cánticos. Esta ha sido la espina dorsal del metodismo. La variedad de temas de la fe cristiana expresados en himnos ha sido, y es, un aporte muy significativo del metodismo a las iglesias protestantes en los últimos tres siglos.

Las generaciones posteriores que heredaron la experiencia metodista, incluyendo el movimiento misionero y las iglesias establecidas en todos los continentes, han oscilado entre el orden anglicano y el culto libre. Las iglesias metodistas han producido una gran variedad de experiencias de adoración así como diversas ceremonias eclesiásticas.

EXPERIENCIA BAUTISTA

Las iglesias bautistas se han distinguido básicamente por su énfasis en el bautismo de creyentes por inmersión. En este sentido son herederos de la tradición anabautista. La base teológico-doctrinal del bautismo de creyentes es la confesión de fe en Jesucristo como acto público y el bautismo como la confirmación y testimonio de esa experiencia personal, en la comunidad de fe. El bautismo es un acto crucial de entrega por parte de la persona creyente, la aceptación por parte de Dios, el sello de la conversión, la consagración de la vida y la entrada solemne en la iglesia de las personas regeneradas por Cristo.

El gran testimonio de la experiencia bautista es el énfasis en el dominio absoluto de Jesucristo, manifestado a través de la nueva vida. La realidad de esa vida regenerada, es libre y soberana por lo que Cristo ha hecho en ella.

La eclesiología bautista se basa en el patrón del Nuevo Testamento como la constitución de la iglesia y la manifestación del cuerpo de Cristo a través de las iglesias locales. La congregación local es la base de la autoridad eclesiástica.

Para la tradición bautista el culto debe ceñirse al patrón del Nuevo Testamento, particularmente el modelo inicial según el libro de los Hechos. Lo que no es prescrito en el Nuevo Testamento no debe constituir un elemento en la celebración del culto. El Nuevo Testamento es guía para la vida en comunidad. Los elementos del culto, de acuerdo con esta postura, son la Palabra, las oraciones, los cánticos y la proclamación.

Las iglesias bautistas se consideran a sí mismas como congregaciones locales autónomas que se agregan en fraternidades voluntarias y asociaciones ministeriales. En la experiencia de adoración cada congregación decide lo que por consenso les resulte más adecuado y apropiado. El claro principio de la libertad de conciencia cobra aquí su máxima expresión.

Hay algunos énfasis que se pueden encontrar en la mayoría de las congregaciones bautistas a través del mundo: cánticos congregacionales, agrupaciones corales-incluyendo cuartetos-solistas y el uso del piano para el acompañamiento musical. En congregaciones más sofisticadas y ricas el órgano ocupa un lugar prominente en la adoración.

Las iglesias bautistas han producido un caudal de música que incluye grandes himnos evangélicos y la publicación de importantes himnarios, entre ellos el famoso Himnario Popular y el Himnario Bautista.

Uno de los distintivos de las iglesias bautistas es la centralidad de la Palabra de Dios proclamada. En los Estados Unidos hay que resaltar al líder del movimiento de los derechos civiles, y pastor bautista, Dr. Martin Luther King, Jr. como un gran exponente de la Palabra. El Dr. Gardner Taylor en la ciudad de Nueva York ha sido considerado un elocuente predicador bautista y considerado el decano de los predicadores afro-americanos en la nación.

Otro aspecto importante en la experiencia bautista es la Cena del Señor. La frecuencia para su celebración varía de congregación en congregación. En muchas congregaciones locales sólo participan de dicha Cena los miembros en plena comunión con esa comunidad de fe.

Aunque la tradición bautista ha intentado lograr un consenso sobre los rasgos distintivos que hemos enumerado, hay una gran diversidad teológica y en las prácticas de adoración en todo el mundo. De hecho, la experiencia de adoración de las iglesias bautistas varía de congregación en congregación y depende mucho de la composición social y las posturas teológicas de sus miembros.

EXPERIENCIA PENTECOSTAL

Las iglesias pentecostales pueden ser descritas como comunidades que viven bajo la dirección del Espíritu Santo. La vida en el Espíritu se manifiesta básicamente en la santificación y el testimonio. La persona creyente debe vivir en una constante búsqueda de la santidad, apartada del pecado, en rectitud, imitando a Cristo. Esta santidad debe ser un testimonio a otras personas para que se entreguen a Cristo y le imiten. Esto se traduce en una vida recta, agradable a Dios. La ética personal sobresale en esta postura pentecostal.

La vida cristiana en la experiencia pentecostal está guiada por dos principios básicos: el encuentro personal con Cristo y la adhesión a su Palabra. Ese encuentro con la Palabra transforma y determina la existencia de la persona creyente.

El universo simbólico pentecostal se centra en la eficacia de la Palabra como palabra viva y cortante: «Porque la palabra de Dios es viva y eficaz, y más cortante que toda espada de dos filos; y penetra hasta partir el alma y el espíritu, las coyunturas y los tuétanos, y discierne los pensamientos y las intenciones del corazón». (Hebreos. 4:12) La palabra se constituye en mensaje inspirador, no en palabra racional. El énfasis está en el sentir, frente a lo intelectual que es el entender. El saber es una categoría espiritual por el don del discernimiento y la sabiduría espiritual. El espíritu de verdad hace libres a las personas. La «ciencia» es saber de salvación. Es un conocimiento por participación y no un asentimiento académico o doctrinal. Creer y conocer son ingredientes que se cultivan en la experiencia testimonial, anecdótica, con una enseñanza moral, cuyo elemento central es la predicación exhortativa. La sabiduría es una categoría espiritual. El conocimiento es dinámico, en una relación mente-corazón. El espíritu de verdad como sabiduría es el principio controlador de un balance entre el conocimiento intelectual y el conocimiento espiritual. Conocer es participar en una experiencia transformadora y afectiva. La conversión es el testimonio visible del cambio de dirección en un camino distinto con un nuevo estilo de vida. Es una experiencia de consolación y recompensa en una conducta correcta. Ser creyente implica vivir en santidad. La justificación por la fe significa que por la gracia se vive ahora en la experiencia de la santidad. Ser una persona creyente santificada es no descuidar la salvación y vivir un camino de fe y vida en constancia.

Hay una lucha constante, que se supera con las evidencias y señales, obtenidas por la perseverancia, hacia la victoria definitiva lograda ya por Cristo. El corito venezolano lo expresa así:

> Conocerle es amarle, amarle es servirle,
> Servirle da alegría, de la vida al caminar.
> (Gregorio Uzcátegui UEPV - Venezuela)

La palabra y el espíritu hacen que la Biblia sea un libro escatológico y ético. La palabra es «testimonio de los testigos». Es regla de fe y práctica. Es libro que rige la conducta en la dinámica cumplimiento y obediencia: «Si queréis ser felices, debéis obedecer», como decía un antiguo himno. Este principio de obediencia evangélica implica que la persona creyente se entrega en seguimiento a Jesús:

> ///Amarte solo a ti, Señor ///
> Y no mirar atrás.
> Seguir tu caminar, Señor,
> Seguir sin desmayar, Señor,
> Postrado ante tu altar, Señor,
> Y no mirar atrás.
> (Autor desconocido)

El culto pentecostal es una celebración comunitaria donde la experiencia personal es compartida y la participación es activa. Hay gestos, danzas, oraciones de rodillas, llantos, risas en medio del gozo cristiano, que asume el sufrimiento y anuncia la esperanza. La vida en el Espíritu es una invitación a la manifestación del poder de Cristo como buena noticia, fuerza integradora e iluminadora para el camino de la vida.

La vida cotidiana se vive por la fe. Hay un hilo milagroso que se da en la sanidad y que opera por el «factor sorpresa», aguardando con regocijo las bendiciones de Dios. Este coro muy cantado en las iglesias pentecostales lo atestigua:

> ///El amor de Dios es maravilloso///
> Tan grande es el amor de Dios.
> (Autor desconocido – Colombia)

El mundo espiritual es una lucha constante entre el bien y el mal. Hay una tensión que se puede describir de esta manera: Tentación-opresión-posesión-liberación.

La naturaleza pecadora, las tentaciones constantes del maligno, las pruebas y las fuerzas contrarias han de ser vencidas por este anuncio: «He aquí el Cordero de Dios que quita el pecado del mundo». (Juan 1:29). Este corito lo expresa claramente:

> Si los dardos son muchos y vienen contra mí,
> Yo los esperaré en el nombre de Jesús,
> Mi protección será su sangre carmesí.
> //Cristo me da la vida,
> Cristo me da su luz//
> (Domingo Lugo UEPV – Venezuela)

La nueva criatura entra a la comunidad de fe, a través del bautismo, dando testimonio y evidencia de que la vieja criatura ha sido sepultada. Al participar de la cena la comunidad pentecostal se coloca frente a un misterio inefable, al participar gozosamente en aquello que ahora Cristo ha posibilitado por su muerte y resurrección. Un clásico corito pentecostal lo sintetiza así:

> Yo tengo gozo en mi alma, gozo en mi alma.
> Gozo en mi alma y en mí ser,
> Son como ríos de agua viva, ríos de agua viva.
> Ríos de agua viva en mí ser.

La iglesia es organismo vivo (imagen del Resucitado), comunidad carismática (presencia del Espíritu), comunidad sanadora (presencia del milagro), comunidad testificante (discipulado en misión). Estas imágenes ayudan a entender el carácter edificante y corporativo de la iglesia. La comunión en el Espíritu provee un espacio para una adoración libre y espontánea.

El corito «Basta que me toques, Señor» lo expresa claramente:

> Basta que me toques, Señor,
> Mi vida entera fortalece.
> Si la noche oscura está,
> Tu presencia me guiará.
> Basta que me toques, Señor
> (Autor desconocido)

La iglesia es comunidad escatológica que vive, anuncia y espera la venida del Señor con urgencia de modo que la humanidad sepa que Dios, por la acción del Espíritu, sigue convocando a su Reino, y a una victoria final en que Dios será el todo en todo.

El culto pentecostal puede definirse como una «liturgia abierta». La espontaneidad es la marca del culto pentecostal. La vida en el Espíritu implica una constante apertura a las manifestaciones concretas y prácticas de la adoración. El «factor sorpresa» es el factor más importante en la vida pentecostal, y por ende, en la adoración. La comunidad creyente se reúne y prepara para celebrar, y entonces, el Espíritu sorprende, altera, propicia nuevas experiencias.

La liturgia pentecostal no se circunscribe al momento del culto. Toda la vida es litúrgica. Cuando se reúne el pueblo pentecostal se destacan las oraciones comunitarias, personales y en silencio. La intercesión ofrece la oportunidad de ser una comunidad consciente. Los cultos de oración refuerzan la experiencia de intercesión. Las lecturas bíblicas, los testimonios, los coritos, los estribillos de alabanza y los momentos de consagración, marcan notablemente la celebración pentecostal. La predicación ocupa un lugar predominante, con un fuerte contenido ético y moral.

Los cultos de evangelización pública son el centro de la dinámica pentecostal. El motivo central aquí es compartir la experiencia de modo que otras personas reciban el entusiasmo e impacto del Espíritu.

Esta visión panorámica de las experiencias protestantes en la adoración nos ilustra sobre la diversidad del movimiento protestante en la historia. Además, nos ayuda a comprender y apreciar su riqueza. Cada generación de protestantes en la historia ha tenido que elaborar su experiencia de adoración dentro de los principios doctrinales fundamentales que se han destacado aquí. La tensión creativa se da entre lo esencial y lo novedoso; lo permanente y lo transitorio. Considerar seriamente el contexto donde se celebra el culto y hacerlo más pertinente es el aporte más valioso de la adoración protestante.

La adoración protestante: Diversidad de modelos

LOS ELEMENTOS DEL CULTO

Para las diversas tradiciones protestantes hay unos elementos básicos que constituyen la materia prima para las celebraciones cúlticas: la palabra de Dios, leída y proclamada, las oraciones, las confesiones de fe, los himnos y cánticos, la santa cena y los momentos litúrgicos de la comunidad, conocidos comúnmente como «los anuncios».

La palabra de Dios es un elemento fundamental en el culto y toda la vida comunitaria de la iglesia. Ella es portadora de la revelación de Dios, anunciando reiteradamente las obras portentosas de Dios.

Para la Reforma Protestante la Biblia es palabra de Dios que apunta a Jesucristo, palabra definitiva de Dios. Así se le da un fundamento cristológico al culto, y le imprime un sentido de anuncio y denuncia; juicio y gracia. La palabra de Dios obtiene su eficacia al ser leída, proclamada, aceptada, testificada y actualizada, según los reformadores. De esta forma se va revelando el propósito redentor de Dios para el aquí y el ahora.

El lugar de la Palabra en el culto es muy diverso, de acuerdo con las distintas tradiciones cristianas. La tradición católico-romana inserta textos bíblicos en todos los niveles de sus celebraciones litúrgicas, y particularmente en la misa. El material bíblico se fue incorporando a medida que se desarrolló la teología de la misa como acto sacrificial.

Lutero, al tratar de reformar la misa, quiso quitarle todo aquello que no se conformaba a la Biblia, e insistió en «evangelizar» dicho acto. Calvino decía que el patrón en el Nuevo Testamento para la celebración del culto era la fuente esencial. Los anabautistas coincidieron en que el Nuevo Testamento es el patrón, pero subrayaron la sencillez en las formas y el énfasis en el discipulado.

LA LECTURA BÍBLICA

En las llamadas tradiciones litúrgicas la Biblia ocupa un lugar central. Se leen básicamente cuatro lecturas que incluyen una primera lección del Antiguo Testamento, preferiblemente un libro profético, seguida del salmo del día (que puede ser responsivo o alternado), una lección de una epístola y el evangelio del día. El sermón u homilía es, precedido por el himno del día, que es el clímax del culto. Algunas tradiciones como la luterana intercalan los aleluyas antes de la lectura del evangelio.

Cuando se celebra la santa cena o comunión se incorporan cánticos basados en poemas que provienen de las Escrituras. Estos pueden ser cantados o recitados. La lista incluye poemas tales como el Kyrie (Señor, ten piedad), el Sanctus (Santo), el Agnus Dei (Cordero de Dios, el Padrenuestro y el Nunc Dimittis (Cántico de despedida). Todos los textos citados provienen de versiones bíblicas.

Las tradiciones libres también utilizan lecturas bíblicas en el culto. El primer momento es usualmente en el llamado a la adoración, con la lectura de un salmo u otra lectura bíblica adecuada. Hay, muchas veces, una lectura devocional que invita a la confesión (por ejemplo el Salmo 51) y una palabra de seguridad, también escogiendo otro salmo apropiado o una porción del Nuevo Testamento que afirme la fe. Algunas tradiciones libres utilizan las lecturas alternadas temáticas que normalmente aparecen como apéndices en los himnarios. En algunas iglesias libres la lectura bíblica se circunscribe al momento previo a la predicación.

LA PREDICACIÓN

Ya hemos visto en este libro el papel central de la predicación para la Reforma Protestante. Reiteradamente se insiste que la predicación es la actualización de la revelación para el pueblo de Dios hoy. Lutero la llamaba la palabra viva del Evangelio. En muchas iglesias se pone un énfasis excesivo en el momento de la predicación, minimizando todo lo demás. Ciertas tendencias actuales se han ido al otro extremo, minimizando la predicación y exaltando las alabanzas por encima de todo lo demás.

En algunas iglesias el sermón dialogado, la discusión del sermón o el sermón comentado a la luz de las experiencias cotidianas de la congregación, han sido prácticas frecuentes. Estas formas son más participativas, pero exigen una adecuada preparación de parte del predicador o predicadora.

Una tendencia muy común en las iglesias evangélicas es la predicación rigorista y moralista que pierde perspectiva sobre el anuncio de la buena noticia para los creyentes. Muchas veces se olvida la exégesis necesaria y el análisis del texto bíblico desde su propio contexto y su aplicación a la realidad contemporánea. Por otro lado, hay quienes enfatizan el contexto inmediato, disminuyen la interpelación que hace el texto bíblico, y conducen a la congregación a un momento de reflexión intelectual que puede incitar al activismo, mas no a la acción responsable, disipando incluso las implicaciones éticas que demanda el Evangelio. El balance más saludable es el que coloca al predicador frente al texto para su consideración seria y ponderada, en meditación profunda y tratando de discernir el mensaje que el Espíritu tiene para la congregación, a través de su palabra informada.

LAS ORACIONES

Las oraciones en el culto han jugado un papel importante. Éstas varían en su forma y contenido, van desde oraciones escritas que encuentran su lugar en un ritual o libro de ceremonias litúrgicas hasta las oraciones extemporáneas o improvisadas, que abundan en las iglesias libres.

Para las congregaciones protestantes la oración de invocación, la oración de intercesión (muchas veces llamada oración pastoral), las oraciones de gratitud y la oración final o bendición pastoral. Todas estas formas se encuentran claramente ubicadas en distintas partes del Nuevo Testamento.

La bendición tiene un antecedente en el Antiguo Testamento, siendo la famosa bendición aarónica (Números 6:24-26) una de las más conocidas y usadas. Las bendiciones apostólicas están basadas en textos escogidas del Nuevo Testamento, en especial de las cartas pastorales.

Una forma litúrgica que se ha incorporado en tradiciones litúrgicas protestantes es el saludo. Esta forma arranca de la costumbre paulina de comenzar sus epístolas con un saludo a los destinatarios y destinatarias. Normalmente este saludo da inicio a la predicación: «Gracia y paz a vosotros de Dios nuestro Padre y del Señor nuestro Jesucristo». La tradición luterana es la que más ha incorporado estas fórmulas como oraciones. De hecho la predicación usualmente se cierra con otra oración, también tomada de la Escritura: «La paz de Dios que sobrepasa todo entendimiento humano guarde vuestros corazones y vuestras mentes en Cristo Jesús».

Otra forma litúrgica, claramente bíblica, es el saludo de la paz, que puede ser responsiva.

LAS CONFESIONES DE FE

Las confesiones de fe tienen su trasfondo litúrgico en el Nuevo Testamento. Hay textos como 1 Corintios 15:3-8, Filipenses 2:5-11, 1 Timoteo 1:15-17 que se basan en recitaciones incorporadas al culto, algunas de ellas en el acto del bautismo como regla de fe y confesión de la persona creyente. El desarrollo de la liturgia produjo innumerables devocionarios, misales y libros de oración que proveyeron confesiones escritas que se incorporaban particularmente en la misa.

La Reforma Protestante elaboró confesiones escritas, especialmente las tradiciones luterana y reformada, que fueron incluidas en los órdenes del culto. Además, se aceptaron los credos ecuménicos, particularmente el Niceno-Constantinopolitano y el Apostólico, en la liturgia de la comunión o santa cena. Los catecismos también proveyeron confesiones breves para el bautismo y la confirmación

Los himnos y cánticos

Los salmos fueron el himnario de la iglesia primitiva. En todas las tradiciones cristianas los salmos ocupan un lugar prominente. Se utilizan como introitos y graduales (es decir, como salmos entonados entre las lecciones de las Sagradas Escrituras).

Los llamados a la adoración casi siempre son un salmo o una paráfrasis de uno de ellos. Las llamadas «tradiciones litúrgicas» han usado extensamente los salmos para los cultos vespertinos, matutinos y para devociones breves. En muchas iglesias hay devocionarios con oraciones y salmos para la meditación diaria.

Muchas iglesias evangélicas combinan los himnos clásicos protestantes, los cánticos evangélicos y los «coritos». Los coritos son alabanzas musicales breves, típicas de cultos pentecostales y carismáticos.

La santa cena

La santa cena, eucaristía, cena del Señor o comunión, como ya se expuso en este libro, ha ocupado un lugar central en las distintas tradiciones cristianas. Al presentar los modelos protestantes para la adoración se podrá constatar ésta importancia.

Los momentos litúrgicos de la comunidad

Muchos liturgistas protestantes han insistido en recuperar este espacio, que comúnmente aparece como el momento de «los anuncios» en muchas iglesias, como el momento de tomar conciencia de asuntos pertinentes que afectan la vida comunitaria. La idea es superar la pesadez y rutina en que se cae frecuentemente en estos espacios y elevarlos a un verdadero momento de adoración en la totalidad de la vida litúrgica de las congregaciones.

Ofrecemos a continuación algunos modelos litúrgicos de distintas tradiciones protestantes y dos modelos contemporáneos. Además, se incluye una bibliografía de recursos litúrgicos como apoyo para la elaboración de cultos y experiencias litúrgicas.

Modelos de adoración protestante

Orden para el Oficio Mayor Luterano
(Orden litúrgico para el domingo u ocasiones especiales, incluyendo la eucaristía)

La Asamblea es convocada
Cántico o himno de entrada
El saludo
El Kyrie
Momentos de confesión
La Absolución
Himno de adoración
Oración del día

La liturgia de la Palabra
Primera lectura
El salmo

Segunda lectura
Aclamación del Evangelio – Aleluyas (menos en cuaresma)
El Evangelio del día
El Sermón
El himno del día
Credo Niceno o Apostólico
Las oraciones del pueblo de Dios

La Liturgia de la Mesa
El saludo de la paz
Ofertorio - Ofrenda y dones para la eucaristía
Oración de Ofertorio
Gran Acción de Gracias Eucarística
El Santo (cantado)
Palabras de institución y consagración (pueden ser cantadas por el celebrante y la congregación, en su totalidad o en partes)
El Padrenuestro (recitado)
Comunión
Cordero de Dios (cantado)
Himnos de comunión (pueden ser cantados mientras la congregación comulga)

Cántico de despedida – Nunc Dimittis
Oración post-comunión

El Envío
La Bendición
Himno recesional
La Despedida

Orden para el Culto Presbiteriano (tradición escocesa)

La preparación (citas bíblicas, lecturas devocionales)
Llamado a la adoración – Salmo métrico ginebrino u otro apropiado
Himno de adoración
Oración de adoración
Afirmación de fe – Catecismo breve de Westminster u otra lectura apropiada
Oración de confesión (preferiblemente de rodillas)
Himno de afirmación y perdón
Declaración del perdón
La paz
Oración por la Iglesia y el mundo
Anuncios
Ofrenda
Cántico especial (coral o solista)
Lectura del Santo Evangelio
Oración de iluminación
El sermón
La santa comunión: Oración de acción de gracias y palabras de institución, oraciones breves alusivas al acto de comunión
Participación
Cánticos
Oración final
La bendición

Orden para el culto menonita (versión norteamericana)

Preludio
Anuncios
Llamado a la adoración

Himnos (de pie)
Oración (de pie)
Lecturas bíblicas
Compartiendo gozos y preocupaciones – Testimonios
Oración pastoral
Himno
Oración por la ofrenda
Ofrenda
Ofertorio
Lectura bíblica
Sermón
Himno (de pie)
Bendición
Respuesta – cántico
Oración silenciosa
Postludio

Orden para el culto metodista (compilado por Carmelo Álvarez de cultos metodistas en Costa Rica)

Preludio
Llamamiento a la adoración
Himno de adoración (congregación de pie)
Invocación
Llamamiento a la confesión (congregación de pie)
Oración general de confesión (congregación y pastor (a) de rodillas)
Palabras de seguridad (por el pastor (a)
El Padrenuestro
Llamado a la alabanza
Salmo (como lectura alternada)
Gloria Patri
Antífona Coral
Las lecciones de las Sagradas Escrituras (Se pueden leer dos lecciones: una del Antiguo Testamento o de una epístola del Nuevo Testamento y el Evangelio)
Afirmación de fe (a través de un creo ecuménico)
Salutación (a cargo del pastor(a))
La colecta del día
Oración pastoral

Himno
El sermón
Ofertorio
Invitación al discipulado cristiano
Himno (puede ser de despedida o de afirmación en la fe)
Bendición
Postludio

Orden para el culto bautista (Basado en un orden de las Iglesias Bautistas Americanas)

Servicio de adoración
El acercamiento a la adoración
Preludio
Llamamiento a la adoración
Invocación y confesión
Declaración de perdón
Adoración a través de la alabanza
Himnos de alabanza
Salmo de alabanza
Gloria Patri
Adoración a través de la petición y la súplica
Oración silenciosa
Oración pastoral
Responso coral
Adoración a través de la Palabra
Lecciones bíblicas: Antiguo Testamento & Nuevo Testamento
Himno
Mensaje
Adoración a través de la dedicación
Himno de afirmación
Presentación de diezmos y ofrendas
Doxología
Anuncios
Adoración a través de la comunión
Himno de comunión
La Cena del Señor:
Palabras de institución
Oraciones por el pan y el vino

Oración de comunión
Himno de gratitud
La bendición pastoral
Postludio

Orden para un culto pentecostal (Experiencia en la Unión
Evangélica Pentecostal Venezolana)

Culto de testimonios y cánticos
Cánticos de júbilo
Oración de invocación
Espacio para testimonios
Aprendizaje de coros nuevos
Lectura bíblica
Reflexión bíblica
Espacio para testimonios
Cadena de coritos
Testimonio sobre la vida de la iglesia y peticiones de oración
Unción de enfermos y oración comunitaria de reconciliación
Oración de acción de gracias
Bendición final

Orden para un culto contemporáneo (elaborado por Carmelo
Álvarez)

Fiesta del Ágape
Motivo: Esta celebración comunitaria nos insta a pensar, actuar e
interceder a favor de los y las demás personas necesitadas.
Nuestra comunión es expresión de una vida de paz a la cual
todas las personas tienen derecho.
Cántico de adoración
Lectura devocional: Mateo 18:15-22
Breve comentario comunitario: Nos centramos en la oración de
intercesión. Oramos en medio de la alegría, la tristeza y el dolor.
Buscamos la certeza de la fe y la esperanza. Oramos a Dios como
comunidad.
Nuestro Señor Jesucristo nos enseña y ayuda a orar
Invitación a la reflexión comunitaria
Período de oración (las personas que deseen arrodillarse podrán
hacerlo)

El Padrenuestro (al unísono)
Cánticos de acción de gracias (pueden incluirse coritos alusivos)
El abrazo de la paz
Círculo de la amistad
Oración de afirmación
Bendición pastoral
Cántico de despedida

Liturgia contemporánea para la eucaristía (elaborada por Carmelo Álvarez)

Celebración de la vida
Cántico de entrada: «Cantai ao Señor» (en portugués)
Llamado a la adoración: «Todos los vivientes esperan»
Lecturas: Isaías 12
Salmo responsorial: Cantamos, «Levántate, Jerusalén, mantente despierta, recibe el regalo que reenvía tu Dios» (3)
Salmo 114
Evangelio: Juan 6:47-59 (congregación de pie)
Cántico: «Cumbayá»
Meditación breve: «Misión para la vida»
Intercesiones breves espontáneas
Confesión: Vivamos ahora. Estamos hechos sencillamente los unos para los otros y las otras, esto es todo. Perdonemos, ahora. Estamos hechos sencillamente los unos para los otros y las otras. Perdónanos ahora, Señor.
Celebrante : La paz del Señor sea siempre con ustedes.
Asamblea: y también contigo.
Celebrante : Compartamos la paz del Señor.
Cántico: La paz esté con vosotros
Gran Plegaria eucarística
Celebrante: Bendito sea, Dios padre y madre nuestra, por has querido ser Dios de nuestra esperanza.
Asamblea: Tú nos has prometido en Abrahán una tierra de paz y una posteridad justa. Numerosa como las estrellas del cielo.
Celebrante : Tú has conducido a Israel por el desierto y de una masa de esclavos has hecho un pueblo libre.
Asamblea: Por los profetas te has proclamado como la esperanza para todas las personas oprimidas, Dios de la liberación de los pobres.

Celebrante: En Jesús de Nazaret has dado inicio a un mundo nuevo, en la libertad, en la justicia, en la fraternidad y la igualdad, en el amor y en la paz.

Asamblea: Fiel a la promesa eres tú, Dios de nuestra esperanza. La creación entera proclama tu fidelidad y espera la revelación de tu Reino de justicia. ¡Hosanna, por toda la tierra!

Celebrante : Para que esta esperanza no desfallezca en medio de las contradicciones de la historia, el Señor Jesús, la misma noche en que iba a padecer y morir, tomó en sus manos el pan y los partió diciendo:

> Tomad y comed todos de él
> porque esto es mi cuerpo
> que será entregado por vosotros.
> Del mismo modo tomó la copa y dijo:
> Tomad y bebed todos de ella
> porque es la copa de mi sangre nueva y eterna,
> que será derramada por vosotros,
> para el perdón de los pecados.
> Haced esto en memoria de mí.
> ¡Grande es este misterio de esperanza!

Asamblea: Te bendecimos, Señor, porque por medio de este pan y esta copa tenemos la certeza de tu presencia en nosotros y nosotras y del Reino que has prometido a los pobres.

Creemos que no nos pide invocar el milagro, sino hacerlo en nuestra vida y en nuestra historia, mediante nuestra acción.

Celebrante : Por eso decimos con alegría. Santo, Santo, Santo (de la Misa salvadoreña)

Celebrante: Nos unimos en el Padre Nuestro.

Celebrante: Los dones de Dios para el pueblo de Dios.

Participación: El pan y el vino (cantamos «Esta Cena Señor que hoy celebramos»)

Oración final

Cántico: «Vamos deletreando la vida»

Recursos litúrgicos

Álvarez, Carmelo. 1985. *Manual de culto y ceremonias*. Maracaibo: UEPV.

Cáliz de bendiciones. 1996. *Himnario Discípulos de Cristo*. St. Louis: CBP, 1996

Del Pilar Piñero, Luis, ed. 1983. *Himnos del avivamiento de ayer y hoy*. Segunda edición. Puerto Rico: Impresos Quintana.

_____, *Vengan adoremos: Ayudas para el culto*. Bayamón: Impresos Quintana.

_____, *Proyecto de Oración*. 1994. Bayamón: Impresos Quintana.

El Himnario Presbiteriano. 1999. Louisville: Geneva Press-WJKP.

El Nuevo Himnario Popular. 2000. El Paso: Casa Bautista de Publicaciones.

Himnario Bautista. 2nda. Ed. 2000. El Paso: Casa Bautista de Publicaciones

Himnos de gloria y triunfo. 1964. Springfield, MO: Editorial Vida.

Himnos de la vida cristiana. 1980. Christian Publications.

Himnos de vida y luz. 1990. Independence, MO: Herald Publishing House.

Libro de culto. 1993. Fifth World Conference on Faith and Order. Santiago de Compostela. Geneva: WCC Publications.

Libro de culto. 2007. V Asamblea de CLAI. Buenos Aires: CLAI.

Libro de liturgia y cántico. 1998. IELA. Minn.: Augsburg Press.

Mil voces para celebrar. Himnario Metodista. 1996. Nashville: Abingdon Press.

Red de liturgia. CLAI. www.clailiturgia.org

Ritos ocasionales. 2000. IELA. Minn.: Augsburg Press.

Rodríguez, Sebastián, ed. 2000 *Antología de la liturgia cristiana*. Barcelona: Editorial CLIE.

Rojas, Juan, ed. 1994. *Celebremos su gloria*. Miami: Libro Internacional.

Sosa, Pablo, ed. 1962. *Cántico nuevo*. Buenos Aires: Methopress

_____, ed. 1988. *Todas las voces*. San José: CLAI-SBL.

_____, ed. 1994. *Cancionero abierto*. Vol. 1-5. Buenos Aires: ISE-DET.

Vargas Vidal, Julio, ed. *Cántico nuevo (coritario)*. ICDC Guaynabo, Puerto Rico.

Viana Torres, Carlos. 1996. *Vamos pa'l culto*. Bogotá, Colombia.

*Contienen órdenes de cultos, ceremonias y ritos.

Conclusión

La Reforma Protestante aportó unos elementos básicos a la adoración cristiana que han perdurado por casi 500 años. Su distintivo principal ha sido propiciar la diversidad doctrinal y teológica, a partir de ciertos principios comunes. Algunos de esos principios son:

1) La Palabra leída, escuchada, proclamada y vivida.
2) El retorno al Evangelio como fuente primigenia de renovación.
3) La iglesia como la comunidad de fieles que vive en Jesucristo y para Jesucristo.
4) la salvación por la fe en la gracia.
5) La música como vehículo esencial en toda experiencia de adoración, especialmente el cántico congregacional.

La adoración en perspectiva protestante asume estos elementos como materia prima, renovándolos para que ayuden en la afirmación de una fe viva. Cada generación protestante ha de contextualizar los contenidos de la fe en la situación particular donde se vive. Así se apropia lo permanente de la tradición cristiana y se aporta, desde lo particular, a la gran herencia universal del protestantismo.

La contextualización de la adoración toma en serio la historia concreta en la que se inserta la iglesia. Hay que conocer la realidad económica, social y política para que el Evangelio sea lo más pertinente posible a las necesidades de las gentes. Para poder adaptarse a procesos de cambio la adoración protestante, en sus diversas expresiones, ha de mantener los distintivos que le dan su identidad y los elementos críticos que la hacen pertinente. Entre la renovación y la reforma es que se fortalece el presente y futuro de la adoración protestante.

En el plano práctico esto implica examinar y ponderar las diversas experiencias que las comunidades de fe pueden aportar al culto con toda su creatividad y vivencia. El pueblo que adora cultiva la música, eleva sus oraciones, proclama la Palabra, vive la comunión fraternal. Entonces, la comunidad de fe celebra su vivencia de la fe en Jesucristo.

Este somero análisis de la adoración cristiana en perspectiva protestante ha pretendido destacar la riqueza de las diversas experiencias, partiendo de una herencia común. Además, se ha subrayado la importancia que para la Reforma Protestante tiene el pueblo creyente como agente adorador. Se podría afirmar que en la adoración comunitaria de las distintas tradiciones protestantes el principio del sacerdocio universal de los creyentes encuentra su máxima expresión.

La variedad de dones que proceden de la gracia de Dios son los que nutren y guían la adoración protestante hacia su objetivo principal: ¡Adorar a Dios con libertad!

Apéndice 1
Cristianismo moderno y contemporáneo:
De la Reforma Protestante
a nuestros días

Cisma de 1054

Iglesias Ortodoxas   (Oriente)

Iglesia Católico-Romana   (Occidente)

Movimientos reformadores (siglos XII-XVI)

1170-1180: Pedro Valdo, reformador francés-------------Valdenses

1384: Juan Wiclif, reformador inglés ------------------------Lolardos

1415: Juan Hus, reformador en Bohemia---------------------Husitas

1517: Martín Lutero, reformador alemán--------------Luteranismo

1534: Reforma en Inglaterra------------------------------Anglicanismo

1519-1525: Ulrico Zuinglio, reformador suizo----------Reformada

1525: Anabautistas------------Menno Simons--------------Menonitas

1536: Juan Calvino, reforma ginebrina-------------------Reformada

1560: Juan Knox, reforma escocesa----------------------Presbiteriana

ICR   Luteranismo   Anglicanismo   Reformada   Reforma Radical

Nuevos Movimientos Reformadores (siglos XVII-XX)

Pietismo
Metodismo
Pentecostalismos
Neo-Pentecostalismos

Apéndice 2

Glosario de conceptos claves

Congregacionalismo: Principio de gobierno local autónomo en muchas iglesias protestantes

Cristianismo medieval: Es la expresión religioso-cultural de un sistema social. Su máxima representación es la estructura jerárquico-jurídica a través del magisterio presidido por el papado eclesiástico con sus sacramentos y devociones populares. Tuvo su apogeo entre los siglos VII y XIV.

Ekklesia: Término griego que significa asamblea de ciudadanos en la ciudad. Se aplicó al cristianismo a partir de la experiencia de la iglesia primitiva.

Humanismo: Con este término se designan las distintas corrientes que en la historia moderna enfatizaron la centralidad del ser humano en el arte, la cultura, la filosofía y la religión. Su mayor impacto se dio durante el Renacimiento, que a partir del siglo XV impactó a las sociedades europeas.

Ministerio: Principio bíblico que significa servicio. En el Nuevo Testamento se enfatiza el ministerio de Jesús como modelo y se amplía como diversidad de ministerios para la edificación de la iglesia.

Misa: Acto litúrgico central en la celebración eucarística de la iglesia católico-romana que mediante la consagración en el altar reemplaza la sustancia de los elementos del pan y el vino por el cuerpo y la sangre de Cristo, mediante la transubstanciación. Es la reactualización del sacrificio de Cristo en la cruz.

Misticismos: Movimientos espirituales dentro del cristianismo medieval y moderno que intentaron mediante una profunda experiencia de fe reclamar la autenticidad del evangelio para renovar y reformar la iglesia y la sociedad.

Modernidad: Este concepto se aplica mayormente a la era de conquistas y colonizaciones a partir del siglo XV desde Europa. La Reforma Protestante es parte del proceso histórico hacia la modernidad. Tuvo su apogeo en la Ilustración del siglo XVIII. Algunos pilares fueron el racionalismo, el avance de la ciencia y la tecnología.

Orden Benedictina: Fundada por Benito de Nursia en el siglo VI. Su énfasis es la vida sencilla, el trabajo digno, la disciplina espiritual y física. Su *lectio divina* es un aporte litúrgico-espiritual que incluye el *ora et labora*.

Ordenación: Acto que dedica y separa a líderes para una función especial y delegada en las iglesias protestantes.

Principio protestante: Es un concepto teológico que tiene dos acepciones básicas: Primero, la idea de que el protestantismo se resiste a otorgar valores absolutos en materia de fe y autoridad eclesiástica. Segundo, las frases latinas *ecclesia reformata, semper reformanda*, que subraya un elemento crítico que convoca a la iglesia a un proceso constante de renovación y cambio en la historia.

Sacramento: Es un signo visible que va más allá de las palabras. Su eficacia-ex ópere operato-por sí mismo, no depende de la actitud del sacerdote que lo consagra en la misa o lo administra a los fieles. Este es el centro de la vida sacramental católico-romana.

Sola fide, sola gratia, sola scriptura: Términos teológicos latinos que subrayan la importancia de la fe, la gracia y la escritura para la salvación desde la perspectiva luterana.

Sobornost: Es un término técnico adoptado del eslavo por la liturgia de la iglesias ortodoxas –especialmente la Iglesia Ortodoxa Rusa– que equivale al concepto griego católico. Se subraya que la iglesia es heredera de una tradición viva, universal, y proclamada en todo el universo desde la fe.

Transubstanciación: Doctrina católico-romana que afirma que al momento de la elevación del pan y el vino se convierten en esencia en el cuerpo y la sangre del Señor, sin cambiar su apariencia.

Via media: Principio elaborado en la tradición anglicana para subrayar sus distintivos teológico-litúrgicos guardando una postura equidistante entre el protestantismo y el catolicismo romano. Se le llama también Anglo-catolicismo.

Vocación: El concepto apunta al llamado de Dios a una acción responsable, a partir de la fe y en servicio a las demás personas. Martín Lutero subrayó que los y las creyentes lo asumen desde la libertad como don de Dios, en disposición de ser servidores eficaces a nombre de Cristo en la sociedad.

Bibliografía selecta

Álvarez, Carmelo. *Celebremos la fiesta: Una liturgia desde América Latina*. San José: DEI, 1986.

_____. *El protestantismo latinoamericano: Entre la crisis y el desafío*. México: CUPSA, 1981

_____. *Santidad y compromiso: El riesgo de vivir el Evangelio*. México: CUPSA, 1985.

Álvarez, Carmelo, editor. *Pentecostalismo y liberación: Una experiencia latinoamericana*. San José: DEI, 1992.

Alvis, Paul D.L. *The Church in the Theology of the Reformers*. Atlanta: JKP, 1981.

Baubérot, Jean y Willaime, Jean-Paul, eds. Traducido por Noemí Poncela. Barcelona: Gayata Ediciones, 1996.

Bertón, Norberto. «El sacerdocio universal de los creyentes en Latinoamérica hoy», en *Lutero ayer y hoy*. Buenos Aires: La Aurora, 1984.

Buschart, W. David. *Exploring Protestant Traditions: An Invitation to Theological Hospitality*. Downers Grove, IL: IVP Academic, 2006.

Calvino, Juan. *Institución de la religión cristiana* I. Rijswijk: Fundación Editorial de Literatura Reformada, 1968.

_____. *Antología*. Presentación y selección Dr. M. Gutiérrez Marín. Barcelona: PEN, 1971.

Casalis, Georges. *Protestantismo*. Traducido por Violaine de Santa Ana. Managua: CIEETS, 1976.

Costen, Melva Wilson. *In Spirit and In Truth: The Music of African American Worship*. Louisville-London: WJKP, 2004.

Egido López, Teófanes. *Las reformas protestantes*. Madrid: Editorial Síntesis, 1992.

Elliot, John H. *A Home for the Homeless*. Philadelphia: Fortress Press, 1981.

García, Alberto L. y Domínguez, Rubén D. *Introducción a la vida y teología de Martín Lutero*. Nashville: Abingdon Press, 2008.

González, Justo L. *Diccionario Manual Teológico*. Barcelona; Editorial CLIE, 2010.

González, Justo L. *Diccionario ilustrado de intérpretes de la fe*. Barcelona: CLIE, 2004

González, Justo L, editor. *¡Alabadle! Hispanic Christian Worship*. Nashville: Abingdon Press, 1996.

Hoornaert, Eduardo. *Cristianos de la tercera generación (100-130)*. Traducido por Francisco Soto. México: Ediciones Dabar, 1999.

Lutero, Martín. *Antología*. Editado por M. Gutiérrez Marín. Barcelona: PEN, 1968

_____. *Obras de Martín Lutero I*. Versión castellana de Carlos Withaus. Buenos Aires: Editorial Paidós, 1967.

_____. *Obras escogidas de Martín Lutero*. Versión preparada por Teófanes Egído. Salamanca: Ediciones Sígueme, 1977.

Miller, Steve y Torres, Wisón, Jr. *Debate de la música cristiana contemporánea*. Traducido por Wisón Torres, Jr. Miami: Editorial UNILIT, 2000.

Müirhead , H. H. *Historia del cristianismo II*. El Paso: CBP, 1953.

Naphy, William G. *Protestant Revolution: From Martin Luther to Martin Luther King, Jr.* London: BBC Books Random House, 2007.

Nelson G., Eduardo. *Que mi pueblo adore: Bases para la adoración cristiana*. Traducido por Salomón Mussiett C. El Paso: CBP, 1988.

Palomino López, Salatiel. *Introducción a la vida y teología de Juan Calvino*. Nashville: Abingdon Press, 2008.

Ranke-Heinemann, Uta. *El protestantismo, naturaleza y evolución*. Traducido por Julio Guerrero Carrasco. Madrid: STUDIUM, 1971.

Shaull, Ricardo. *La reforma y la teología de la liberación*. Traducido por Ashton Jacinto Brooks. San José: DEI, 1993.

Stockwell, B. Foster. *¿Qué podemos creer?* Buenos Aires: La Aurora, 1987.

White, James F. *Protestant Worship: Traditions in Transition*. Louisville-London: WJKP, 1989.

Zuinglio, Ulrico. *Antología*. Presentación y selección Dr. M. Gutiérrez Marín. Barcelona: PEN, 1973.

www.ingramcontent.com/pod-product-compliance
Lightning Source LLC
LaVergne TN
LVHW030635080426
835508LV00023B/3372